大是文化 「王室」で読み解く世界史

王的歷史

皇帝、國王、蘇丹、哈里發……
認識王，就能看出一個國家與人民的本性。
課本沒交代的，立刻脈絡分明。

日本知名世界史講師
宇山卓榮 ◎著 郭凡嘉 ◎譯

目次

第四章

小轉富、弱轉強，因為有王：西、比、德、義 111

第五章

為什麼願意讓「外國人」當國王？ 151

推薦序一

過去的腳印不會消逝，終將成為經驗的一部分

「歷史說書人 History Storyteller」粉專創辦人／**江仲淵**

人類社會的發展離不開王權親貴的此消彼長，偉大的君王使人類文明發展呈現耀眼光芒，昏庸的君王使人類文明提前進入下個階段。

俯瞰人類演進的軌跡，先後出現原始時期、封建時期和共和時期三個階段，其中封建時期占了將近三千年的歷史。人類進化過程中，幾乎是由王權作為引導者，隻手改變歷史進程。

先從西方世界來看，西方文明是從十四世紀末開始轉為優勢，在不到四百年，順利超越東方，最終成為世界主流。而象徵著社會急速發展的兩場變革——文藝復興與工業革命，也都與王權政治擁有密切的聯繫。文藝復興是在王權的大力提倡下運作，而工業革命敲響了封建制度的喪鐘。

從東方世界切入，王權制度的影響更明顯了。自從進入戰國時期後，幾乎沒有一場制度變革離得開王權的統治，人民在絕對的權威之下，逐漸學會沉默，安然悄然的度過一生。而儒家的思想也是在王權的認可之下，相輔相成、互利共生，思想甚至影響我們至今。

回顧人類社會發展歷程，西方擅長嘗試與突破，而東方擅長修整與完備，而從本質上看，這些差異又無一不和政治體制有關。

從原始社會開始，經奴隸社會、封建社會，乃至共和社會，整個人類的文明史實際上就是一部圍繞著少數人發展交替的歷史，而這些掌握權力的人，也大都離不開王室政權的關係，他們或許是王侯認可下的一員，或許正是王侯的代表人。

無論是否認同王權政治的存在，我們必須承認，王權對人類歷史產生的影響，無疑是重大而深遠的，不僅是社會擺脫分散狀態的分水嶺，還是族群賴以迅速壯大的推進器。文明歷史的演進過程，也正是因為王權體制的強大張力，為人類社會不斷發展奠定堅實的基礎。

人類文明發展到今天，王權已然不適用於今日社會，現代文明的整合，使各個國家之間有了進行平等和耐心的對話機會。但人類畢竟是唯一具有自我完善能力的物種，作為人類智慧和良知的過渡期，封建時期仍是非常值得關注，且具有探討性的一段歷史。

過去的腳印不會隨著遠離而消逝，它們終將成為我們經驗的一部分。讓我們翻開書籍，沉醉在歷史長河之中，重新感受那段叱吒風雲的時代。

推薦序二

王室因不同的歷史發展，而有不一樣的意義

《歷史，就是戰》作者、鄉民推爆說書人／**黑貓老師**

身為一個在網路上說故事的說書人，我常常會收到很多讀者發訊息來問問題。但這些問題常常很難回答。

原因自然是因為不同的國家有不同的歷史背景，不了解這些歷史背景的話，會有很多邏輯講不通的狀況。

例如我常被問說：

「老師，為什麼第二次世界大戰後，日本天皇沒有被當成戰犯處理呢？」

這個問題的答案，若只是單純把日本天皇當成「地位很高的政治領導人」的話，是沒有辦法解答的。你必須站在日本的立場，先了解天皇與日本建國前的神話有什麼關聯，再從千年來的日本政治、宗教與文化去切入，才會知道為什麼。

或是例如，許多以歐洲為背景的電影、小說、動畫或是漫畫，都出現「王國」、「帝國」，而故事也總是圍繞著王族之間的愛恨情仇。有時，故事中的角色，明明跟王族們素昧平生，沒有任何血緣關係，甚至從來沒有見過面，卻可以隨時為了「國王」奉獻出自己的一切，乃至於生命。

到底為什麼會這樣呢？

如果我們一直都站在現代的角度去思考，用現今的價值觀去評判，我們永遠沒辦法理解為什麼。對於劇情中的歷史部分往往看得霧煞煞、無法代入角色，嚴重影響觀看體驗。

還好現在《王的歷史》出版了！

在這本《王的歷史》中，作者用深入淺出的方式，把各個國家的王室整理得清清楚楚、一目瞭然。而且不是只有歐洲那些有名的王朝，幾乎是全世界的王室都介紹了！要知道，王室的制度可不是單純統治階級的統稱，而是一系列非常複雜的演化！雖然翻譯上都是國王、皇帝、王室，但概念卻差了十萬八千里！

同樣都是王室，在不同的地域，卻會因為不同的歷史發展，而有著完全不一樣的意義。像是歐洲的國王、皇帝完全不一樣。而歐洲的皇帝跟亞洲的皇帝，也完全不同。就算單純只看亞洲，中國的皇帝以及日本的天皇，兩者之間也是天差地遠。

但只要讀完這本書，就能搞懂到底差在哪裡了。

只要弄清楚各國皇室怎麼發跡、如何運作，就能對各國家的文化、歷史，甚至是經貿活動有更加深入的理解。你不但可以讓自己充滿更多的知識與滿滿的文化氣息，看到相關題材的片子也更好看了，可說是一舉數得啊！

前言

認識王，課本沒交代的歷史，有了解答

天皇的英文是「Emperor」，換句話說也就是「皇帝」。在現代，世界上雖然仍存有國王（King），但被稱為皇帝的，只有日本天皇一人而已。所以日本是世界上唯一的帝國。

在國際社會上，皇帝被視為比國王還要至高無上的存在。那麼**皇帝與國王究竟有什麼不同呢？**

從日本皇室、英國王室，到中東、非洲等，本書探討全世界的王室，試圖解答這些疑問，並以淺顯易懂的方式加以說明，可算是劃時代的書籍。除此之外，在本書中也會解說為什麼某些國家王室滅亡，如中俄等國家的皇室已不復存在的原因。相信讀者只要閱讀了本書，就能清楚了解全世界皇室的過去與現在。

王室得以持續的國家，如英國（王國），與王室從此間斷的國家，如法國（共和國），為什麼會有如此分歧的命運？這兩國的人民又面臨了什麼樣的抉擇？以強大的皇帝制而自豪的中國，又為什麼最後會埋葬這個制度？沙烏地阿拉伯等中東的國王們又是什麼樣的人物呢？

除此之外，王國的存在究竟是好是壞？在二十一世紀的今天，國王又代表了什麼？我希望藉由此書，與各位讀者一起探討這些問題。

我們在思考世界王室的歷史時，同時也能了解日本的皇室。本書希望藉由「王室」的角度，來俯瞰世界史的動向。

第一章

世界各國的王。基礎認知

1 王的血統是國家安定基礎

「不要跟出身不好的人來往！」在過去，我們經常會聽到這種充滿歧視的話。甚至，在某些時代裡，血統與家世也會左右一個人的婚姻大事。

或許這些現象到現在仍然存在，不過至少大多數的人都理解，一個人的價值並非只由血統來決定。出身和血統在現今社會裡，已經不如過去那般重要了。

重視血統大於能力

可是，國王卻不同。國王本身就代表了血統和血緣。

國王的英文是 King，德文是 König，這兩個字的語源來自於古日耳曼語 Kuni。而 Kuni 指的就是血親、血緣。

要維持王的地位，繼承者就必須繼承王的血統。換句話說，所謂的王室，是否能維持血統純正就是關鍵。從這個層面來說，就算這個國王的腦筋不好也沒有關係，只要能充滿精力、擁有眾多子嗣才是更重要的。

王的血統之所以這麼重要，不光只是王的自我滿足（地位、權力），也是為了人民而存在。如果沒有王室血統，人民就會陷入悲慘之中。因為在過去，王是一國之君，如果不看血統、任誰都可以稱王的話，野心人士便會掀起爭亂，想辦法篡位，導致國家處在無止境的戰亂之中。

若限制王室繼承權只能給繼承血統的人，就能防止一般人萌生邪念，打王位的主意。所以**王的血統，不只是維持王室正統性的唯一保障，更代表了秩序、最高的政治原則**。傳續血統能夠讓一國之君防止戰爭、確保國家安泰。而王的血統在永遠維持政權的原則之下，能對篡位或變亂發揮最大的遏止力。

王的最主要任務，就是努力傳宗接代，讓後代能順利繼承王位。如果王因體弱多病、無法有後代，便會因王位繼承的問題產生戰亂。

在過去，無論是多麼有能力的國王，只要沒有子嗣，對人民來說都算不上是好的國王。

十八世紀末的法國大革命中，人民群起殺了國王路易十六和王后瑪莉・安東尼。法國失去國王後，社會同時也失去了秩序。整個國家頓時陰謀四起，流氓惡棍囂張跋扈、不斷進行殺戮，讓人民陷入恐慌。

而從這些惡棍中一躍而起的就是拿破崙。拿破崙率領的兵將們全是來歷不明卻又野心勃勃的群眾，這些兵將們都是盜賊、騙子、殺人犯等。拿破崙帶領著這群天不怕地不怕的惡棍，在整個歐洲大鬧一番，幹盡掠奪、強姦等各種壞事。

但是就在拿破崙坐上皇帝的寶座之後，他為了要滿足自己的野心，便開始追求秩序與安定了。拿破崙隨後**與奧地利女大公瑪麗·路易莎結婚，正式晉身王族**，企圖重新建立在法國大革命時被破壞的王室秩序。

圖1-1　《瑪麗·路易莎》（*Marie Louise*），1810年
弗朗索瓦·傑哈（François Gérard）繪製，現存於羅浮宮。
拿破崙雖然愛著具有個性美臉孔的瑪麗·路易莎，但他更愛她出身於霍夫堡皇宮（哈布斯堡王朝冬宮）的血統。

然而，拿破崙此舉卻以失敗收場，因為他的血統不夠正統。就算拿破崙藉由婚姻成了奧地利哈布斯堡的姻親，但是他本身科西嘉島的鄉下人血統卻沒有消失。

從拿破崙之後，逐漸有人認為：「既然拿破崙這樣的平民可以成為皇帝，那我也可以。」因此有人說，拿破崙的存在本身就成了社會不安與動亂的溫床。

最後保守派重新奪回了政權，拿破崙被迫退位。在一八一四年至一八一五年的維也納會議中，決議了「正統原則」，歐洲各王室重新回到法國大革命之前的狀態，並企圖恢復原有秩序。在法國，波旁王朝（按：起源於法國波旁地區，在歐洲史上，斷斷續續統治若干國家的王朝）也重新復活。

世界上唯一能追溯千年的王室血統

由於法國大革命和拿破崙時代的慘痛經驗，讓歐洲人重新意識到「王室的安泰，等於維持秩序的主幹」的基礎性政治原則，也就是正統原則的重要性。但是法國人很快的忘了這個原則，沒多久被捲進二月革命的騷動當中。

世界上要屬日本人最了解正統原則的重要性了。日本有萬世一系的天皇族系。正如同日本啟蒙思想家福澤諭吉曾說：「日本皇統與國體共同連綿，是外國比不上的。」（引自《文明論之概略》），日本的皇室自古至今一脈傳承，保持著所謂的一貫性。

當然許多人對於「萬世一系」這個說法，也有不同的爭論，但在世界史中，毫無疑問的，只有日本王族的血統能追溯長達約一千五百年。

日本在中世紀之後，從平氏的武人政權一直到德川的江戶幕府，儘管都是武人當權，卻沒有人會危害到天皇的地位。武士也都非常了解天皇血統是神聖不可侵犯的，並以「自己是受到天皇的委託而代管政權」為前提，將天皇視為唯一的主權者，而且這樣的立場不曾改變過。

不像有些國家王室面臨廢除君主制，日本天皇有著永續性，並不會被捲入無謂的動亂或革命，因而得以在長久的歷史之中，維持國家的安定。

在這層意義之下，日本比世界上任何一個國家都還要徹底實行正統原則。由於正統原則是理所當然的政治原則，所以日本不像歐洲各國，刻意重申立場。因為這早已是不證自明的事，深植在日本人心中了。

缺乏正統，剩下的就是陰謀

歷史上，正統原則最常被推翻的國家就是中國了。中國王朝替換頻率相當高，許多王朝都因為民眾的叛亂而瓦解。中國的皇帝或許為人民所敬畏，卻不受到人民的景仰與敬愛。

中國人並不重視血統的正統性，因此曾經出現平民出身的皇帝。例如，十四世紀建立明朝的朱元璋，出身於貧農家庭，在反抗軍中獲得了眾人的擁戴取得天下，即位成為洪武帝；西元前三世紀末建立漢朝的漢高祖劉邦，也是農民出身，不過據說他是富農，家境富裕。朱元璋是貧窮百姓，雙親和兄弟都因為飢饉而死，他自己因貧困而無法讀書，據說是直到長大成人後投身反抗軍，才開始讀書識字。

朱元璋有著悲慘的經歷，因此猜忌心很重，他很害怕被謀反，不斷的將身邊之人或有才能的臣子處刑（胡藍黨獄），人數高達七萬人之多。

據說，當時的臣子們早上離家上朝，都不知道晚上是否能平安回家，為此還必須先一一向家屬告別。如果能平安回家，便會大大慶祝這樁喜事。

明朝歷代的皇帝都效仿朱元璋，皆會肅清眾多能臣大將，因此朝廷無法召集有能之士，只能持續愚昧的政治，因此阻礙社會發展。

若無法徹底實行正統原則，

圖1-2 《洪武帝》，14世紀
現由中國國家博物館藏。
朱元璋以其奇怪的容貌而知名，不知是否是因為歷經艱困之故，他憑藉著如同超能力般的洞察力在戰爭中獲得了勝利，並且掌握人心。

讓來歷不明的人坐上王位，就會導致領導者像這樣疑神疑鬼，人心渙散。在日本，百姓出身的豐臣秀吉直到最後都無法成為將軍（按：雖然豐臣秀吉想成為將軍，但因他無法入源氏籍，所以成不了將軍），也無法開創幕府，這就是由於日本人民心中的正統原則無可動搖。

朱元璋是貧農，雖然他後來成為明朝皇室的開國始祖，但他缺乏威嚴和正統性，剩下來的只有恐怖政治與陰謀、腐敗與覺悟罷了。

太常改朝換代，人民很難培養國家意識

如果連一般百姓都能成為皇帝，那麼，外來入侵者同樣也能光明正大的成為一國之尊。如蒙古人等外來種族會突如的進攻、侵入皇宮、廢除皇帝並自行登上天子寶座。中國有大半的王朝夾雜著外來民族所建立，幾乎沒有純漢人建立的王朝（按：隋朝跟唐朝王室出自胡漢混血）。

中國的王朝經常更替易主，連帶的讓人民對國家的意識無法扎根。由於缺乏國家意識，也就缺乏公共意識。就算有人倒在路上，也沒有人會出手相助，看到路上充滿垃圾或公害也毫不在意。因此形成了自掃門前雪，不管他人瓦上霜的渙散社會。

這種現象正是因為輕視正統原則，長期以來由來路不明的篡位者爭權奪利所造成的亂世，缺乏能成為國家支柱的精神與規範，這在歷史上成為一種慢性的狀態，而這種狀態更是持續到了今天的共產黨政權。

明明打著共產黨的旗幟，實行的卻是資本主義，讓一部分的人獨享暴利，但是現在的中國民眾卻不覺得這種矛盾很奇怪。為什麼？因為他們缺乏精神與規範的意識。

世界王室的現況

在這裡，我想先停下嚴肅的話題，為之後的內容做個小小的暖身運動。你知道現在世界上還有二十七個王室（見下頁圖1-3）嗎？

在十八世紀時，幾乎所有的國家都有國王，然而**隨著自由革命與民主化、殖民地統治和共產主義革命，目前全世界只剩下二十七個王室**。

亞洲目前有六個王室，存在於日本和東南亞各國。印度及中亞沒有王室。泰國國王拉瑪九世（蒲美蓬國王）在位超過七十年，是當時所有君主中，在位期間最長的，他在二〇一六年駕崩後，由拉瑪十世（哇集拉隆功國王）繼承王位。蒲美蓬國王死後，英國女王伊莉莎白二世便成了目前世界上在位最久的國王（目前在位六十七年）。

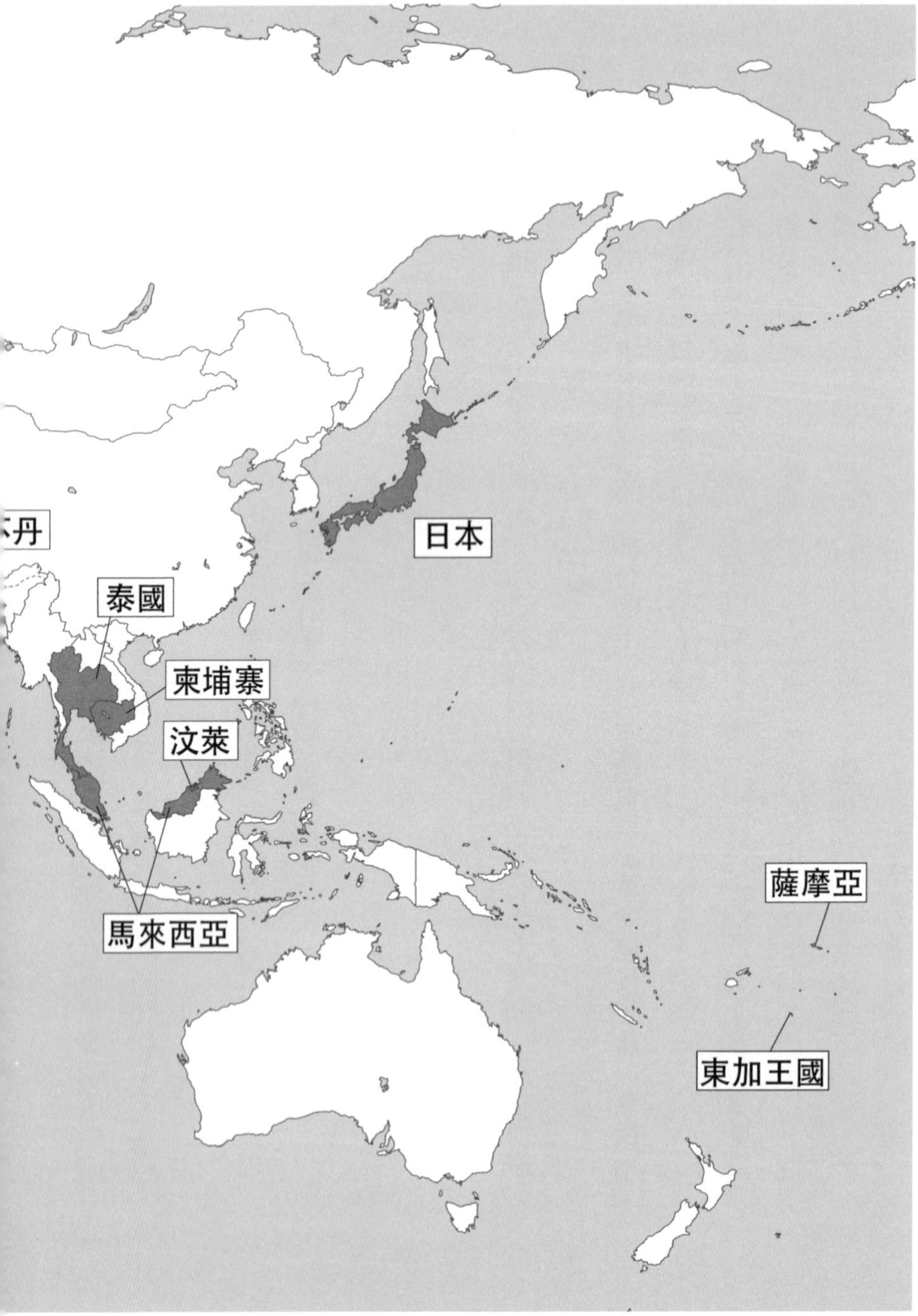
丹
日本
泰國
柬埔寨
汶萊
馬來西亞
薩摩亞
東加王國

圖1-3 現存王室的國家（日本為皇室）

歐洲有十個王室，除了英國王室之外，還有北歐三國（丹麥、瑞典、挪威）及荷比盧聯盟（荷蘭、比利時、盧森堡）等。現在的西班牙王室繼承法國太陽王路易十四的血統，是歐洲歷史最悠久的王室。二〇一八年，英國的哈利王子與女星梅根．馬克爾的成婚大典，也蔚為一時的熱門話題。

目前中東現存五個王室。包含沙烏地阿拉伯在內，中東的王室都掌握了石油的權利，過著令人咋舌的奢華生活。然而當地的人民卻非常貧窮，經常飢餓。前陣子還出現過沙烏地阿拉伯的王子（王儲）穆罕默德，疑似殺害了記者卡舒吉（Jamal Khashoggi）的新聞。

本書將會針對現存的王室擁有的血統與歷史，進行簡而易懂的說明，讓讀者能了解各個王室自古至今的進程，也能進一步認識各國王室與國家、社會的特徵（文化、宗教、經濟、階級等）之間的關係。

現在，我們來思考一下王室沒有延續的國家吧。

比方說中國與俄國。為什麼這些國家的王室被廢止了呢？這對這些國家又有什麼樣的影響？除此之外，也有一些國家是原本就沒有王室的，例如美國。我們也會探討美國建國國父對於自己的國家沒有國王，有著什麼樣的想法。

2 繼承方式帶來萬世一系或竊國婚姻

聯合國有一個單位叫做「消除對女性歧視委員會」，這個委員認為日本的《皇室典範》（按：為日本規定皇位繼承順序、日本皇室的制度與結構相關的法律）歧視女性。明治維新之後頒布的《皇室典範》第一條是這麼記載的：

皇位由屬於父系皇統（按：天皇血統）之男性繼承。

二〇一六年，該委員會批判日本的皇位繼承只限定於具皇統的男性，是對女性的歧視，因此對日本政府提出勸告，並要求修改典範。不過最終由於日本政府提出抗議，因此委員會才取消了勸告。

當然，《皇室典範》並沒有企圖歧視女性。會發生這件事，是因為這個委員會不了解《皇室典範》之所以會有這項條約的歷史背景。

「男性天皇」或「女性天皇」只是單指其性別，然而「父系天皇」與「母系天皇」則與性別無關。

父系天皇指的是「皇族的父親與一般女性」之間生下的天皇，不論其性別。假設日本皇室成員愛子內親王（公主）即位成為天皇，那她就是「父系的女性天皇」。母系天皇則是「皇族母親與一般男性」之間所生下的天皇，同樣不論其性別。假設愛子公主與一般男性結婚生下一男子，而這個男孩子日後即位成為天皇的話，就會是「母系的男性天皇」。

然而在日本歷史上，卻不承認母系天皇，這是為什麼呢？

日本過去曾經出現八位女性天皇，這些女性天皇全都是父系的女性天皇。日本歷史上雖然有女性天皇，卻沒有母系天皇，直到今天，天皇血統長久以來都是靠父系血統傳承。

天皇家族中，雖然有從平民女性成為皇后，或晉升為皇族的人，卻沒有平民男性成為皇族的例子。**平民男性是無法成為皇族的。也就是說，所謂的「父系繼承」並非是排除女性的制度，反而是排除男性**的制度。從這個角度來看，根本就沒有聯合國消除對女性歧視委員會所說的歧視女性。

歐洲人認可母系天皇，國家就被搶走了

日本為什麼一定要維持這種父系繼承呢？假設女性天皇與平民男性結婚並生下後代，那麼生下的小孩就會屬於平民男性家系之子，如果這個孩子繼承了皇位，就會變成另一個「繼承這個平民男性家系」的新王朝。

因此，若認可母系天皇，也就意味著皇室會被平民篡位。抱持野心的男性一旦接近皇族，讓自己的小孩即位成為天皇，就可以創造屬於自己的王朝了。如果出現有野心的外國男性，他就可以奪走皇室了。日本就是為了防止這樣的事發生，在歷史上才不承認母系天皇的產生。

歐洲就沒有這樣的規定，因此經常出現母系國王即位後，國家被人搶走的例子。最有名的例子就是西班牙。哈布斯堡家族（按：Habsburg，歐洲史上最為顯赫、統治國家最多的王室，源起法國，在瑞士奠基）的皇子菲利普（按：Felipe 傳統譯法是腓力，現今常用的譯法為菲利普，故本書統一將其譯為菲利普）與西班牙公主胡安娜結婚後，兩人產下一子，名為卡洛斯一世（按：也就是日後神聖羅馬帝國的皇帝，查理五世）。西班牙王國由於沒有男性後代可以繼承，便讓繼承西班牙血統的卡洛斯一世坐上西班牙王位。而西班牙王國就這樣透過合法的方式被哈布斯堡家所奪。

不只西班牙，哈布斯堡家利用這種手法取得各國王位，並建立橫跨奧地利、德國、荷蘭、比利時及西班牙等廣大領土的大帝國（神聖羅馬帝國）。說得難聽一點，哈布斯堡一家就是「婚姻詐欺師」一族，利用像菲利普王子這樣的美男，去誘惑各國王親國戚的女兒，巧妙的侵權奪位。

不只是哈布斯堡一族，在歐洲的王親國戚當中，還有很多像這樣的「盜賊」取得王位。

堅持父系繼承，才有萬世一系的皇脈

若承認母系繼承，就會像歐洲一樣，皇室會輕易成為盜賊們互相爭奪之物。日本祖先們為了確保國家完整，因此謹遵父系繼承的規定。正是因為日本人有這番考量，才能讓日本皇統成為全世界唯一一個萬世一系的皇脈。

消除對女性歧視委員會對日本政府提出勸告：「《皇室典範》應修正讓母系女性也能繼承皇位。」這番話等於認同皇室被竊盜奪走也無所謂，顯示出他們不了解歷史。

其他反對皇室父系繼承的論點還有「父系繼承源自於中國的父權思想」，但完全不是這麼一回事。所謂的父權是父親是一家之主、擁有家中統治權的一種思想，但日本父系繼承並非來自於中國，更準確的說，在世界各個國家或區域中都有這種概念。如果以「父權思想是來自於中國可恥封建主義的遺毒」為由來反對，並以此認同母系繼承的話，那麼，這個前提就是錯誤的。

明治維新之後，女性不得繼任天皇，因此愛子無繼承順位。現在日本皇室中還有秋篠宮家的長男悠仁親王，因此父系繼承並不會就此中斷。然而為了遵守的父系繼承，以長遠的視野來看，要讓皇位能夠安定延續，也不排除讓戰後那些已經脫離皇籍的舊宮家，重新恢復皇籍（日本皇族圖見下頁圖2-1）。當然這些都要經過討論，以找出一些讓日本人民都能夠接受的解決辦法。

至今為止，日本天皇沒有姓，也不會替自己想一個姓。「姓」是天皇賦予給朝廷的一種官職或地位表徵。如果像其他國家一樣頻繁的改朝換代，就需要用「姓」來區別。但是日本的皇室只有一個家系，所以沒有必要做出區別，這也是日本皇室是萬世一系的重要理由。姓雖然是天皇賦予的，但「名」卻可以依個人的自由起名。而「氏」則是古代不同親族集團的名稱。

圖2-1　日本皇族與皇位繼承順位

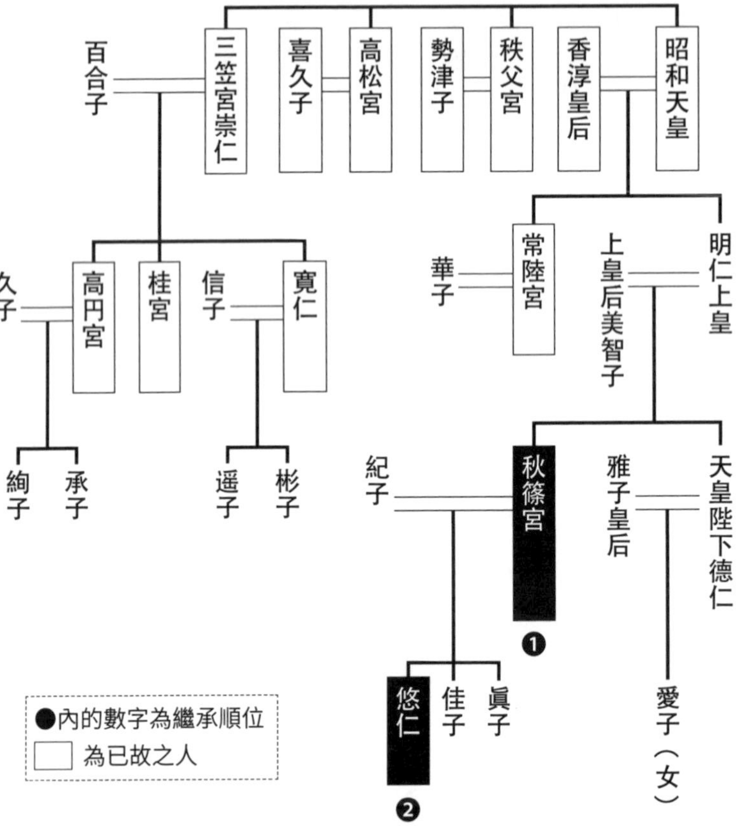

※絢子：目前已婚且脫離皇籍，冠夫姓後，改名為守谷絢子。

只有王的妻子才是家人，其他都是借來的肚子

一般人認為亞洲承認一夫多妻制，歐洲則多數禁止一夫多妻制。但是這樣的說明並不正確。事實上，亞洲多數的國家也都實行一夫一妻制。過去在日本、中國、中東等許多亞洲的王朝裡，皇帝或國王都有很多后妃。貴族諸侯同樣也有不少妻妾。但是這並不表示這些國家承認一夫多妻制。

所謂的偏房、側室，指的就是在正室旁邊的附屬物，只有正室才是唯一的妻子，屬於真正的家人，而偏房側室並不屬於家族成員，被定位為「借來的肚子」。這麼說來，就只有正室算是正式的妻子了。在皇室或王室當中，也只有皇后或王后一個人，其他的妃子都算偏房，嚴格來說並不算妻子。因此亞洲至少在表面上，仍然和歐洲一樣是一夫一妻制。

有人說歐洲之所以會禁止一夫多妻制是和基督教有關，不過翻遍整本《聖經》也找不到明言記載這項的戒律。歐洲在中古世紀之前，都還是一夫多妻制，像在八、九世紀相當活躍的查理曼大帝，就擁有多個妻子。隨著時代的演進，現在人人反而忌諱這項習俗。而羅馬天主教就趁機利用這股風潮，禁止了一夫多妻制。

究竟一夫多妻制是從什麼時候開始，又為什麼演變成人人忌諱的習俗，其中的理

由我們至今仍不得而知。普遍的解釋是為女性著想和人們逐漸有了道德意識，不過我很確定這絕對不是主要原因，因為歐洲的皇親貴族中還有包養情婦的制度。

偏房生的與情婦生的，影響兒子繼承權

偏房與情婦最關鍵的差異，就在於他們生下的後代是否具有王位繼承權。偏房所生的兒子有王位繼承權，但是情婦生下的兒子卻沒有。

在亞洲，只要是國王的種，無論是從誰的肚子生下的孩子，都會被視為是王之子。但是在歐洲，王室情婦的孩子並不會被當成國王正式的後代，也不會授予王位繼承權或財產繼承權（有少部分例外）。一般而言，情婦的孩子只會從父王手中獲得爵位，成為一個貴族。

古希臘哲學家亞里斯多德曾言：「小孩所有的特質都由男性的種子（精子）決定，女性角色就像土壤一樣，接受並孕育種子罷了。」或許是因為那個年代沒有遺傳學的知識，所以他才會出現這樣的想法，不過亞里斯多德的這番思想和後來的亞洲王室是一樣，反倒和歐洲不同。我將偏房與情婦的差異製成了比較表格，還請參照圖2-2。

在一般的論述當中，都認為雖然王室情婦生下的孩子，毫無疑問是國王的後代，

但不能視為是國王之子。這是因為如果賦予非嫡子王位繼承權的話，對非嫡子有所不滿的人，就會輕易的攻擊非嫡子的出生背景，進而造成內亂。

這個說法並沒有錯，但是真正的原因，是歐洲社會比亞洲更重視身分地位的高低順序，無法像亞洲的王室一樣，不問女性的身分貴賤，只要是一國之君的孩子，就寬容的給予認定（中國皇帝的眾多妃妾還分等級，母親等級低的皇子地位會較低，成為繼承皇位的減分項目）。如果是國王的後代，母親的身分也必須很高貴才行。我們必須看到實際上潛在於歐洲王室背後的這種強迫性思維。

另一方面，亞洲的王室會承認偏房側室生下的孩子，這種思考模式的基礎跟亞里斯多德的男尊女卑概念一樣。至於嫡子和非嫡子的問題，歐洲和亞洲的做法其實各有優缺點。

王室情婦算是一種正式的地位（按：若王室情婦本身不具有貴族爵位，國王會冊封為女公爵與女伯爵等官方頭銜），像法國國王路易十五的情婦龐巴度夫人（見下頁圖2-3），高度掌握了國家外交、人事和學術振興等事務。很多王室情婦不光只是國王的情人，

圖 2-2　偏房制與王室情婦制

	地區	兒子的繼承權	定位
偏房制	亞洲	有	借腹生子
情婦制	歐洲	無	智囊

也是支撐宮廷的政治與文化的朝臣。

歐洲沒有偏房制，所以承認母系繼承

在亞洲，拜偏房制度的福，皇帝或國王普遍都有好幾十個孩子。皇帝或國王只要身體健康，就可以留下無數的父系子孫，不會出現繼承者斷層的現象。除此之外，貴族和武士家族也因為有偏房制度的緣故，並不會斷絕了父系男性的後代。

但歐洲的王室卻無法徹底維持父系繼承，其中一個很大的原因就是沒有偏房制。王室情婦即使生很多子女，卻沒有王室繼承權，只有皇后、王后產下的後代

圖2-3　《龐巴度夫人肖像》（*Madame de Pompadour*），1756年
法蘭索瓦·布雪（François Boucher）繪製。現藏於德國慕尼黑的老繪畫陳列館。王室情婦龐巴度夫人不但贊助了伏爾泰和狄德羅等啟蒙思想家，還積極的推動女性教育。

才能繼承王位。

當然有時也會出現王后只生下女兒，卻沒有兒子的狀況。有時也會因為國王與王后感情不睦而沒有小孩。這個時候如果再堅持父系繼承的話，血脈就會中斷，因此不得不承認母系繼承，只為了求得王統繼承的安定。不過這也就經常導致了像前面提到的哈布斯堡家族篡奪王位的現象。

正統原則的目的在於維持君主制與國體永續性，從這個立場來看，不用說，偏房制這種確保父系男性後代的方式是比較合理的。

日本皇室直到明治天皇時代也都設有偏房。但到了現代，以道德層面來說，大家都沒辦法接受偏房制。雖然這是把百姓的社會觀念套用在皇室身上，但所謂皇室跟王室，必須選擇對千萬人皆普遍而適用的準則，因此就不能無視百姓的社會生活。不過對於現在已經沒有偏房制的日本皇室來說，要如何確保父系繼承，就成了最大的煩惱。

第二章

歐洲皇帝怎麼都是凱撒大帝繼承人？

3 歐洲史好複雜？認識三大家族就清楚

目前世界上只有一個人被稱為皇帝，那就是日本天皇。世界上有許多國王，但除了日本天皇之外，並沒有其他的皇帝。

一般來說，**皇帝是掌管廣大領域的君主，其下會有許多地區或國家的國王**、民族首長等。以這層意義來說，日本天皇只是日本一個國家的君主，所以與其說皇帝，還不如說更接近國王。但是從「天皇」這個用詞的意義以及歷史的背景來看，應該要把天皇視為皇帝，並給予相應的對待，才是該有的國際禮儀。

在歐洲，皇帝意味著羅馬時代「凱撒的繼承人」。皇帝的德語是Kaiser，俄語是Czar，指的都是凱撒。羅馬帝國的開國君主雖然是奧古斯都，但是建立起帝國基礎的卻是凱撒大帝，為了追思凱撒大帝，因此人們將他的名字當作最高權力者的稱號，並傳承了下來。

雖然日語把Kaiser或Czar都翻譯成皇帝，不過這兩個字原本的意思並不是皇帝。

和皇帝意義比較相近的，則是「imperator」，即指羅馬軍最高司令官，帶有「掌握命令權的人」之意，日後就演變成英語中代表皇帝的 Emperor。

羅馬皇帝的皇位繼承

凱撒大帝與奧古斯都建立的羅馬帝國持續約四百年之久，在三九五年一分為二。羅馬帝國分裂之後，皇位也分成東西兩個，西羅馬帝國和東羅馬帝國的皇帝同時並存（見圖3-1）。

但是西羅馬帝國因為日爾曼人（按：German 的德語發音，也就是德國人）的叛亂，而在四七六年滅亡。自此，西邊就由日爾曼人的勢力分據各地，持續了三百年以上動亂不安的年代。

法蘭克是日耳曼人當中的一派，他

圖3-1　羅馬帝國的東西分裂

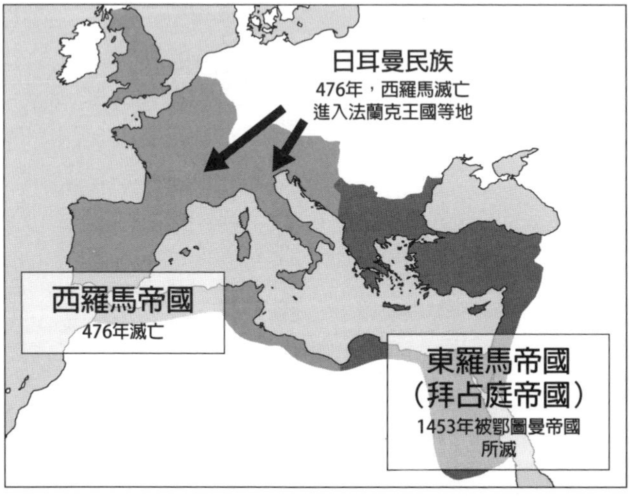

們逐漸擴張勢力之後，將支離破碎的西半邊統一起來，而當時身為法蘭克族長的查理曼（大帝），讓原本已經滅亡的西羅馬帝國結束長達三百二十四年的空白，並在八〇〇年登上西羅馬帝國皇帝的寶座，於是西羅馬皇帝重新復活。

西羅馬帝國的皇位在查理曼大帝之後，由鄂圖一世繼承。鄂圖一世身上流著查理曼大帝的血脈，是德意志國王。他在九六二年建立神聖羅馬帝國，也就是第三個「西羅馬帝國」。神聖羅馬帝國的演變，就如圖3-2所示，從「西羅馬帝國（三九五年）→加洛林王朝（八〇〇年）→神聖羅馬帝國（九六二年）」。

神聖羅馬帝國這個名字聽起來非常高不可攀，但實際上只是掌管德意志而已。對照起加洛林王朝（八〇〇年）恢復大半個舊西羅馬帝國的領土，神聖羅馬帝國只是因為繼承了皇帝之位，就被稱為「帝國」。

神聖羅馬帝國的帝位得以持續傳承，到了十五世紀，從瑞士擴張到奧地利的貴族哈布斯堡家族繼承時，更演變成世襲。最終，哈布斯堡家族甚至登上了皇帝的寶座。

俄羅斯人繼承羅馬帝國帝位，因為伊凡三世自稱繼承人

四七六年，西羅馬帝國滅亡之後，東羅馬帝國仍持續了一千年，帝位也持續的傳

圖3-2　歐洲皇室系圖

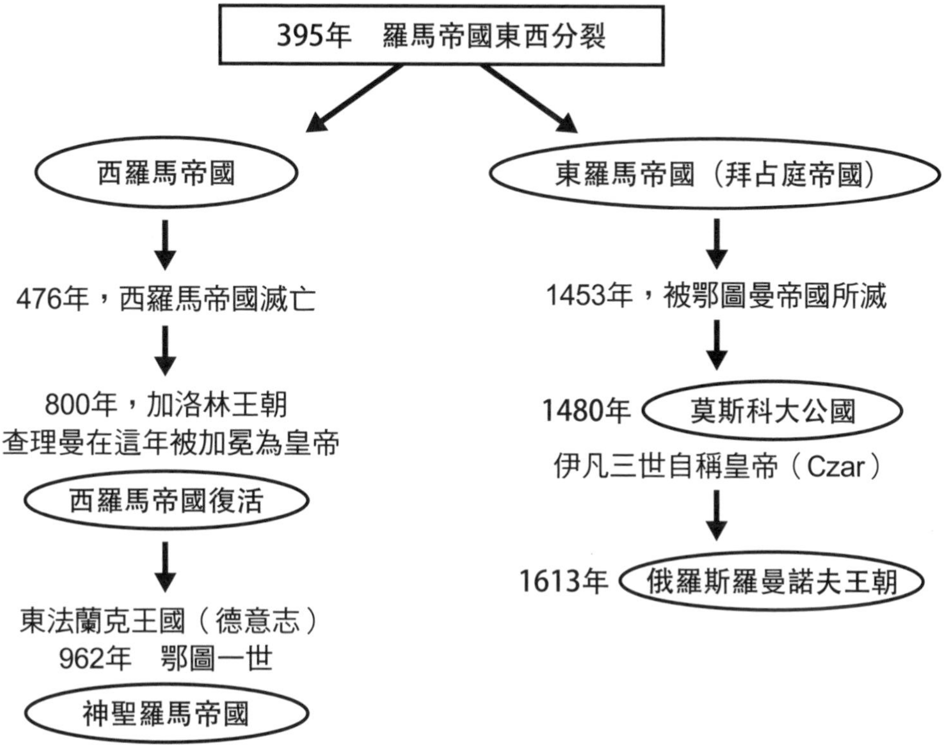
395年　羅馬帝國東西分裂
西羅馬帝國
476年，西羅馬帝國滅亡
800年，加洛林王朝
查理曼在這年被加冕為皇帝
西羅馬帝國復活
東法蘭克王國（德意志）
962年　鄂圖一世
神聖羅馬帝國
東羅馬帝國（拜占庭帝國）
1453年，被鄂圖曼帝國所滅
1480年
莫斯科大公國
伊凡三世自稱皇帝（Czar）
1613年
俄羅斯羅曼諾夫王朝

承。東羅馬帝國的首都在拜占庭（今天的伊斯坦堡），因此也被稱作拜占庭帝國。東羅馬帝國在一四五三年被鄂圖曼帝國所滅。

經過短暫皇位的空窗期，在一四八〇年，一位俄羅斯貴族——莫斯科大公伊凡三世，自稱是東羅馬帝國的繼承人，並稱自己是Czar（也就是皇帝）。到了他的兒子伊凡四世的時代，由於國內外皆已認同其皇位的繼承，從此之後這個皇位就順理成章的演變成由俄羅斯人來繼承了。

伊凡四世死後，皇位空窗了二十餘年，直到十七世紀時，出現了羅曼諾夫王朝。羅曼諾夫一族成為繼承皇位的家族，一直持續到二十世紀俄羅斯革命為止。

像這樣往回追溯歐洲的皇室家族及其祖先，就可以追溯到羅馬帝國有哪些皇帝。但是這樣的繼承，並非血統或血脈上的傳承，這就是歐洲和日本皇室的不同。

歐洲皇室家族從羅馬帝國時代開始，尋找並收養優秀的人才當養子，並讓養子繼承皇位。甚至也常有當權者、有力人士相互鬥爭或透過政變，而成為皇帝的狀況。

八〇〇年即位的查理曼大帝就是日耳曼人，他並沒有羅馬人的拉丁血統。在查理曼大帝之後，皇位也數度面臨中斷，有時候會由旁系遠親的後代繼承，在現實中根本無法確認他們是否真的有血緣關係。

在哈布斯堡家族世襲皇位之前，有些地方甚至還曾經採用選舉制來決定皇帝，因此在上頁圖3-2中，**歐洲皇帝族的系譜只是概念性政治上的繼承，而非血統上的連結。**

皇室家族不再保有皇位，成為名譽貴族

十九世紀，儘管有哈布斯堡家族歷代世襲神聖羅馬帝國，歐洲西邊卻出現了與之抗衡的新勢力霍亨索倫家族（House of Hohenzollern）。霍亨索倫家族起源於普魯士，並掌有整個德意志領地，是屬於神聖羅馬帝國其中一個支派。

霍亨索倫家族取代了哈布斯堡家族的地位，自行主張繼承皇位，並在一八七一年建立德意志。從這時起，新勢力的霍亨索倫家族就和舊勢力哈布斯堡家族，同時成為神聖羅馬帝國的皇帝繼承者。

對於德意志而言，九六二年崛起的神聖羅馬帝國是第一帝國，一八七一年崛起的霍亨索倫皇朝是第二帝國，而希特勒的納粹德國則是第三帝國。

在這樣的時代演變中，大多數歐洲人也認為自己國家歷史是從羅馬帝國開始的。西羅馬帝國的繼承者是神聖羅馬帝國的歷代皇帝，包含奧地利哈布斯堡皇族和霍亨索倫皇族。而俄羅斯的羅曼諾夫家族則繼承了東羅馬帝國（拜占庭帝國）。也就是說，**歐洲皇室就只有哈布斯堡皇族、霍亨索倫皇族和羅曼諾夫皇族這三個家族，他們都是「凱撒**

的繼承人」。

在第一次世界大戰（一九一四年至一九一八年）中，奧地利帝國與德意志帝國皆戰敗，帝國因此解體，哈布斯堡家與霍亨索倫家都因此失去皇位。

這兩個家族到目前都還存在，至今仍有族長。哈布斯堡家族的族長是卡爾・馮・哈布斯堡（Karl von Habsburg），目前是歐洲議會的議員。霍亨索倫家族的首領是格奧爾格・弗里德里希・斐迪南（Georg Friedrich Ferdinand），目前擔任財團的理事長。他們都被賦予了名譽貴族的地位。而羅曼諾夫家族後代的大家長是瑪麗亞・弗拉基米洛夫娜・羅曼諾夫（Maria Vladimirovna），她也被賦予了名譽貴族的頭銜。

這三個皇室家族最終都失去了皇位。因此今天的歐洲已經沒有皇室的存在了。

圖3-3　歐洲的三大皇室

皇帝（＝凱撒的繼承人）

●**西羅馬帝國方面**（Kaiser）
哈布斯堡家族（起源：奧地利）
霍亨索倫家族（起源：德意志）

●**東羅馬帝國方面**（Czar）
羅曼諾夫家族（起源：俄羅斯）

沒有「皇帝」的大英帝國

法國的太陽王路易十四或者是英國的伊莉莎白女王，無論再怎麼強大，都不屬於羅馬帝國譜系的

傳承，所以並不是皇帝（凱撒的繼承人）。而拿破崙既沒有家系傳承，更沒有皇室血統，靠武力強行獲得王位。至於大英帝國（British Empire）雖然被稱為帝國，卻沒有皇帝。

既然沒有皇帝，為什麼會被稱為帝國呢？

這是因為帝國是一種國家形式，指的是「統治數個地區或統治有數個民族的廣大土地」。而英國的君主符合這一點。甚至，在古代，有亞歷山大帝國形成了東西廣大的疆域版圖。我們也把這個國家稱為帝國，但我們稱君主亞歷山大是大王，並非皇帝。

話又說回來，就算一個國家統治了許多地區、民族以及廣大的範圍，也不一定會被稱為帝國。比方說，葡萄牙、西班牙和荷蘭在大航海時代之後，積極在海外建立殖民地，但也沒被人們稱為帝國。其中除了西班牙被稱為「西班牙帝國」，但這並不能算是普遍的例子。

至於到底要不要稱帝國，包含國家自行宣稱的在內，主要還是跟「那個帝國的稱號是否被大眾所接受而固定下來」有很大的關聯，真要說起來其實只是個習慣罷了。但是皇帝的稱號卻只屬於「凱撒的繼承者」，唯有家系繼承人才能使用（除了拿破崙等人是例外）。

英國就算是自稱大英帝國，也沒辦法稱呼自己的君主是「大英皇帝」。

4 在歐洲，當王比稱帝難

皇帝的地位凌駕於國王。可是，為什麼拿破崙可以當地位較高的皇帝，卻無法自稱國王呢？

我們在前文曾說過，**要當皇帝，並不一定要承襲血統**。有許多例子都告訴我們，**有權有能的人就可以當上皇帝，和血統沒有關係**。比方說查理曼大帝和羅馬皇帝並沒有實際上血緣上的關係，但因為他有政治上的實力，因此當上皇帝。

但是國王就不一樣了。King 含有古日耳曼語中 Kuni（血親、血緣）的意思，所以以血統的正統性為前提。為了要當上國王，就必須有血緣上的關係。

這也是為什麼，像拿破崙這類突然冒出來的人沒辦法稱王。

但是從十五世紀，哈布斯堡家族開始世襲神聖羅馬帝國起，人們變得重視皇帝的血統，並形成一種習俗。因此，拿破崙在十九世紀初期突然成為皇帝時，並非因為歐洲保守派承認了他的地位，他們反而帶著嘲笑的態度看待這事。

歐洲的「王」，其實是部族長

誠如國王的英文源自於血親、血緣，歐洲的國王最初其實是「部族長」。部族長統率一個部族之後，接著統治了另一個部族，最後掌控了一定範圍的領土，最後成了一國的君主。

羅馬帝國到了末期之後，形成了諸王在各地擁有獨立勢力的王國。從四世紀到十一世紀，大約七百年間，歐洲各地經過了迂迴曲折的歷史，終於有了王國的原型，幾乎所有的地區、國家，都出現了各自的王室。

王國就是從某地區的一個部族開始，經過了同族之間的種種紛擾之後，自然發展成一定的規模，而這個民族的領導者就是國王。

相對於皇帝的起點一律都是來自羅馬帝國，國王就會因為地區、國家的不同，起源也不同。在這層意義上，國王和領土、地域有更緊密的連結，跟部落及族人間有更強烈的血緣關係。

以地緣、血緣為基礎的**王國**，**通常出現在歐洲中心**——也就是羅馬帝國所掌控的領土——**的周邊**，如英國、伊比利半島（西班牙、葡萄牙）、北歐、東歐等地區。這些位在歐洲周邊的王國，例如英國的諾曼第王朝等，都有很強大的王權，藉由地緣和血緣

圖 4-1 歐洲王國的特徵

	地區、國家	形成的根據與型態	王權強弱
周邊王國	英國、伊比利、北歐、東歐	地緣性、血緣性 →自然產生	強
中心王國	德意志、法國、義大利	西羅馬帝國分裂 →由帝權延續衍伸而來	弱

關係，與當地緊密連結（見圖4-1）。

這樣的連結可說是**這些地區至今仍維持著王室最大的原因**。這些周邊王國，有自發性並隨著當地的需求而發展，且具有更能自然接受人民的意識。

歐洲中心部的王國，起初王權不振

德國、法國、義大利，這三個位於歐洲中心地區國家，其王國不是自然形成的，更像被上層階級強迫成立，在歐洲國家中算是最早形成的王國。

查理曼大帝雖然在八〇〇年讓西羅馬帝國復活，但在他**死後，由於民族的紛爭使得帝國分裂**。最終在八七〇年，分裂成西法蘭克王國（法國）、東法蘭克王國（德意志）和義大利王國三個國家，這也是今天中央歐洲的原型。

這些王國都起源於查理曼大帝的西羅馬帝國，和當地領土並沒有直接的地緣性。

圖4-2　西羅馬帝國一分為三

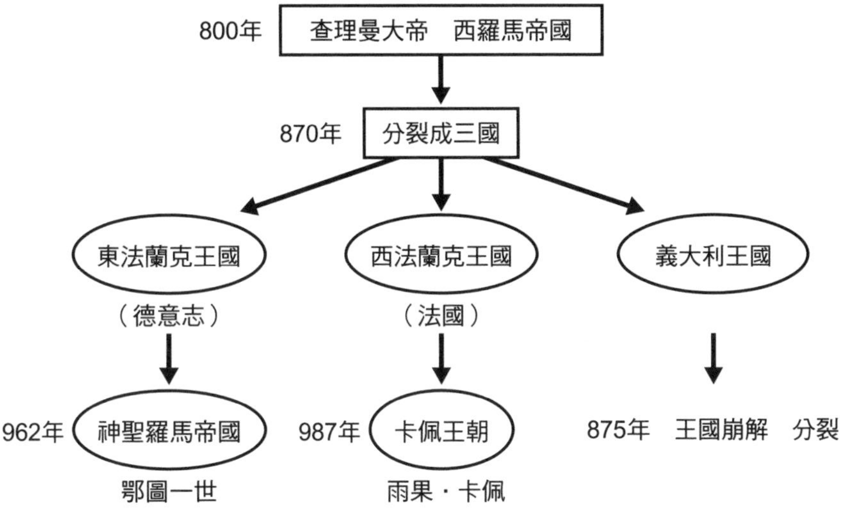

話說回來，查理曼大帝是日耳曼人，他掌控法國、德意志的土地，和當地有地緣性，和民族也有血緣關係。但是隨著領土的擴大，國家升格為帝國，地緣性和血緣性就被切斷了，原本直接而實質的掌控權也變得抽象。查理曼成為皇帝後，地位與權威雖然升高，但相對的，他也會失去其他的東西。

查理曼帝國很快就滅亡，最大的原因是失去直接的掌控權。為了恢復失去的地緣性與血緣性，在查理曼大帝死後，帝國分裂為三（見圖4-2），並開始嘗試符合當地民情的統治方式。

但是一旦失去，之後想要挽回何嘗容易，由查理曼帝國分裂所形成的德意志、法國和義大利這三個國家的王室，始終無法建立強而有力的領導權。雖說這三個國家是從西羅馬帝國演變而來，王權的權威應該很高，但比起英國、北歐等周邊的王國來說，王權相對而言還是比較薄弱。

這三個國家的國王都是查理曼大帝後代。查理曼大帝出身於加洛林家族，所以這三個王室都可以說起源於加洛林王朝。

其實「加洛林」並不是姓氏，而是來自查理曼大帝的名字，意即「查理曼的」。這取自於一般認為是決定了加洛林家族興起的人「查理・馬特」（Charles Martel），也就是查理曼大帝祖父名字中的 Charles。

在中世紀初期之前，日耳曼人沒有姓氏。狄奧多里克大帝、亞拉里克一世等都是大名鼎鼎的日耳曼國王，但他們也只有名字，沒有姓氏。查理・馬特也是如此，馬特（Martel）只是他的綽號，意思是鐵鎚，所以他又被稱為鐵鎚查理。

另一方面，拉丁人就有姓氏。比方說凱撒大帝的姓名就是「蓋烏斯・尤利烏斯・凱撒」（Gaius Iulius Caesar，依序是名字、氏族姓、家族姓）。

義大利為何長期分裂？神聖羅馬數代皇帝竟攻不下來

從查理曼帝國分裂出去的三個國家當中，義大利王國最早在八七五年瓦解，教皇及領邦等各地方勢力分裂，形成四分五裂的局面。**日耳曼人的加洛林家族，原本就並非起源於義大利**，因此幾乎無法統治這個地區，而此後義大利的分裂狀態就一直持續到十九世紀。

接著說法國，其國名就是從法蘭克而來的。西法蘭克王國歷經十二代國王，但在九八七年，加洛林家斷後，被有姻親關係的巴黎公爵雨果．卡佩（Hugues Capet）所奪，開啟了卡佩王朝的歷史。到了羅馬帝國末期，法蘭克族沿著萊茵河流域西進，定居在今天的法國。雖然法蘭克族把這裡當作根據地，但在查理曼大帝之後，他們卻無法建立自己的王權。

法國王位的演變如下：卡佩王朝（九八七年）→瓦盧瓦王朝（一三二八年）→波旁王朝（一五八九年）。

東法蘭克王國（德意志）在三國當中，其王權是比較強大的。九一一年，加洛林王朝絕嗣，由母系薩克森家族繼承王位。他們在鄂圖一世的時期以強權著稱，甚至還曾擊退入侵歐洲的亞洲馬札爾人（按：亞洲游牧民族的其中一支），大大強化了王權，同時也加強了與羅馬教皇之間的關係，在九六二年，羅馬教皇為鄂圖一世加冕。世人都希望鄂圖一世能復興西羅馬帝國。

鄂圖一世的帝國被稱為神聖羅馬帝國。但是在這個光輝神聖的名字背後，這個帝國只不過掌管德意志罷了，並不像查理曼大帝的帝國一樣，統治了整個西歐。**儘管名叫神聖羅馬帝國，但其領土並沒有包含義大利的羅馬**。鄂圖一世死後，神聖羅馬帝國的歷代皇帝屢屢進攻義大利，但是都無人能成功。

神聖羅馬帝國在薩克森家族繼位之後，接著是薩利安王朝、霍亨斯陶芬王朝等母系家族繼承，直到十五世紀才由哈布斯堡家族開始世襲。

圖4-3　《鄂圖一世》，約12世紀
此圖為斯特拉斯堡主教座堂彩色玻璃。鄂圖一世是神聖羅馬帝國的第一位皇帝，也被稱為「鄂圖大帝」。他鎮壓巴伐利亞等強大的民族，抵抗外敵入侵並擴大了帝國的勢力。

俄羅斯、英國都是維京人後代

羅馬帝國的領地擴張到地中海沿岸，且建立便利的水路運輸系統。而歐洲還有其他水路，那就是北部的波羅的海和北海。

自古以來，人們都會透過船隻搬運貨物，因此只要沿著水路，周邊城鎮就會形成一定的經濟圈。這在日本也是一樣，在江戶時代開始之前（十七世紀初），日本的經濟中心是在瀨戶內海周邊。從瀨戶內海往內陸需要沿著淀川抵達琵琶湖，這條水路的周邊就出現了首都京都和商業大城大阪等城市。

在溫暖的地中海很容易航行，可是波羅的海和北海卻非常寒冷，而且海浪劇烈，因此必須具備高超的航海技術以及堅固的船隻。從九世紀起，造船技術有了飛躍的進步，波羅的海和北海上的水路貿易因此急速擴大，人們並在周圍沿岸建立物流據點。

在波羅的海、北海上從事貿易的是維京人（Vikings，海灣的人），他們屬於北日耳曼語支，他們過去住在北歐，因而也被稱作「諾斯人」，意思是來自北方的人。雖然現在大家都認為「維京人＝海盜」，但是他們其實並非掠奪者，而是藉由貿易振興海峽沿岸的創造者。一般的看法都認為，諾斯人是因為最初很快就征服了波羅的海和北海沿岸地區，所以才會給人留下了很深的海盜印象。

對日本人而言，一說到Vikings，大家都會聯想到吃到飽（像掠奪者一樣搶食），不過「**Vikings＝吃到飽**」這種說法是日本人自創的和式外來語。一九五七年，東京帝國大飯店引進了北歐式的自助餐（瑞典語：smörgåsbord），但由於這個發音對日本人來說較困難，因此採用了自古以來對北歐人的稱呼「Vikings」來代替。

諾斯人藉由水路的貿易網絡累積了巨大的財富，各自建立起北歐、法國、英國、俄羅斯等國家。

在九世紀時，波羅的海沿岸就有諾斯人中的一支「羅斯人」在諾夫哥羅德建國，也就是日後的俄羅斯。從諾夫哥羅德公國延伸出的莫斯科大公國、羅曼諾夫王朝等，承襲其帝位。

同一時期，瑞典及丹麥等諾斯人也各自形成了王國。諾斯人也開始進入英國、法國，在一〇六六年創立了諾曼第王朝，這個諾曼第王朝就是日後英國王室的始祖。

朕即國家，絕對王權的建立者連王都忌憚

從十六世紀到十七世紀，歐洲各國都出現了強大的王權。西班牙、英國、法國等尤其強大，被稱為「絕對王權」（絕對君主制）。

從這個時代開始，戰爭中會使用槍砲彈藥，軍隊規模也變大且有系統。因為要打贏戰爭，且維持軍力，國家的角色就變得很重要。如要戰勝外敵，國家就必須統合內部。但是，無論哪一個國家，都有割據地方的貴族和諸侯，他們為了維持自己在地方的勢力和權益，非常抗拒以國王為首的國家統合。所以國王及其親信為了要統合國家，必須和地方貴族打仗。十七世紀，法國背負了這個重任的就是首相黎胥留公爵。

黎胥留成為天主教的教廷樞機（按：教宗治理天主教會上主要的助手和顧問），同時又是法蘭西王國的宰相，輔佐法蘭西國王路易十三。

黎胥留制定了土地稅、要求擁有廣大領土的貴族必須上繳稅金，當成擴大王權的財源之一。他也設定了官僚機構、建立中央行政管理制度，也就是一元制；此外，還從中央派遣督察官掌握地方行政的實際大權，削弱地方貴族與諸侯的力量。

他向民眾課稅也不手軟，因此農民經常發動叛亂。但是黎胥留也會強力鎮壓。「黎胥留從不手軟。可怕的黎胥留與其說會掌控人，不如說會將人滅為灰燼。」人們都對他感到恐懼。但是黎胥留自稱：「我的第一優先目標是國王的尊嚴，第二是國家的強大。」因此只要出現反抗者，他都會徹底鎮壓。

然而，路易十三也不喜歡冷酷的宰相黎胥留。其實路易十三數度興起要流放黎胥留到邊疆的念頭，但因為沒有比黎胥留更好的人才，不得已才任用他。

「筆誅勝於劍伐」的本意跟言論自由無關

一般人對「筆誅勝於劍伐」這句格言的理解，是「思想言論的影響力比武力更強大」。但實際上，這句話最初並不是這個意思。這句話第一次出現在一八三九年，英國小說家兼劇作家布韋爾・李頓（Edward George Bulwer-Lytton）的劇作《黎胥留》（*Cardinal Richelieu*）中。

黎胥留以擴大王權和國家統一為目標，只要有人不服從，就會被視為「國家的敵人」而遭徹底打壓。

布韋爾・李頓在這部戲曲中，就安排黎胥留說：「在權力的基礎上，筆誅勝於劍伐。」。這句臺詞出現的脈絡，是黎胥留對於那些反叛國家、企圖發起動亂的人表示，無論什麼時候，他都可以在逮捕令和死刑執行命令書上簽名，把他們「處理掉」。布韋爾・李頓用這句來證明黎胥留的冷血無情。

不過，到了後代，這句話卻跳脫了原本劇作中的情境，被作家們改變了意思，變成今天我們所理解的「言論比武力更有力」，而流傳至今。

黎胥留在臨終前，當神父問他：「汝愛汝的敵人嗎？」他的回答是：「除了國家的敵人之外，我再沒有其他敵人了。」

圖4-4　《指揮拉羅歇爾之圍的樞機黎胥留》（*Cardinal Richelieu at the Siege of La Rochelle*），1881年
由亨利．莫特（Henri-Paul Motte）繪製，目前收藏於法國 Orbigny-Bernon 博物館。新教徒不願服從王權，在法國西部的港都拉羅歇爾建立了半獨立的共和國。黎胥留在 1627 年對拉羅歇爾發動了總攻擊。英國海軍出兵阻撓法國軍，對拉羅歇爾伸出援手。圖中所繪的巨大木樁，目的就是為了抵抗英國的艦隊。經過一年的攻防戰，拉羅歇爾最終被攻陷。

黎胥留的堅定信念和執行力，鞏固了法蘭西王國的地位，並建立「絕對君主專制」。法蘭西王國隨著強大的王權不斷發展，到了路易十四時，王權已到達極盛時期。誠如路易十四的名言：「朕即國家。」一直到一七八九年法國大革命之前的一百二十年間，法國都是由國王統治著。

路易十四（一六四三年至一七一五年在位）被稱為「太陽王」。法國當時的人口約有兩千萬人，疆域土地肥沃豐饒，擁有歐洲最強大的國力。英國和西班牙的人口都約九百萬，德意志和奧地利加起來也才一千五百萬左右。相較之下，就能了解法國的強大了。路易十四利用人數優勢，組成了歐洲最大的陸軍軍隊。法國陸軍不斷向外侵略，擴張版圖，領土範圍終於成長到與現在的法國差不多大。

除此之外，路易十四為了誇耀國王的偉大，也進行了建設凡爾賽宮等的大型公共事業。

5 教皇從哪開始？為什麼能讓人當皇帝？

皇帝統治多個國家與民族，國王則是掌控一個國家或民族。以這個意義來說，皇帝的地位是比國王崇高的。那麼皇帝與教皇（羅馬教宗）相比，又是誰的地位比較崇高呢？如果我們把目前世界上僅存的皇帝日本天皇和教皇做比較的話，又會有什麼樣的結果呢？

從結論來看，我們無法比較天皇和教宗的地位和權威。因為教宗的權力和威望是基於宗教，和世俗的君主所擁有的權威並不相同。然而歐洲在中世紀就因為教皇、皇帝、國王的權勢地位皆高，所以產生了很激烈的紛爭。在某一段時期裡，教皇的威望與權力甚至大過皇帝與國王，史上就發生了一個稱為「卡諾莎之行」的事件（見第七十二頁），皇帝必須恭敬的向教皇跪拜，甚為屈辱。

在**日文中也會稱教皇為「法王」**，不過天主教的正式稱呼還是教皇。一九四二年，日本在與梵蒂岡（羅馬教廷）建立外交關係時，將翻譯訂立為法王，因此目前日本已經

圖 5-1 現代的教皇

教皇名	在位期間	出身國
庇護十世	1903-1914	奧地利
本篤十五世	1914-1922	義大利
庇護十一世	1922-1939	奧地利
庇護十二世	1939-1958	義大利
若望二十三世	1958-1963	義大利
聖保祿六世	1963-1978	義大利
若望・保祿一世	1978	義大利
聖若望・保祿二世	1978-2005	波蘭
本篤十六世	2005-2013	德國
方濟各	2013-	阿根廷

習慣了這個用法。

不過天主教會並不會使用法王，因為讓人較容易聯想到世俗君王，他們認為使用包含「教導」意味的教皇比較合適。教皇是由代表各地天主教的樞機組成的「教宗選舉祕密會議」（Conclave，拉丁文意思為「被鑰匙鎖上」），在與外部隔離的狀態之下進行選舉而選出來的，因此教皇並非世襲。

目前的教皇是羅馬天主教會第兩百六十六任教宗方濟各（二〇一三年至今）。他是義大利裔阿根廷人。

教皇是使徒彼得的後繼者

皇帝與國王手上握有對世俗的權

力，被稱為「俗權」，而教皇或神職人員等在宗教中掌有領袖權力，被稱為「聖權」。**在中世紀歐洲，教皇和神職人員不僅只是握有聖權，甚至也擁有俗權**。他們掌握了歐洲各地的徵稅權，一手控制地方政治，甚至還能控制軍隊。

這些神職人員為什麼擁有這些力量呢？簡單來說，就是因為神職人員能獲得眾人的信任。在當時，「神」是至高的存在，所有人都會尊重神職人員的判斷，因為他們的背後是神的威望與威信。比方說：「稅金究竟是要加重還是減輕？」人們會想要順從神的指示，因此聽信神職人員的決定。

不論在哪個領域，人們都會要求神職人員下判斷，唯有神職人員認可的事物才是正確的，這個做法成為當時決定所有事務的準則。

教皇是羅馬天主教會的領袖，也是耶穌十二使徒中彼得的後繼者。在耶穌基督死後，彼得到了羅馬，並在當地創立教會。儘管受到羅馬帝國的迫害，羅馬教會仍在信徒的堅守之下日漸發展。到四世紀，羅馬帝國承認基督教之後，羅馬教會便確立了地位，眾人也開始認知到領袖「教皇」的地位。由於教皇是繼承彼得的使徒，這個特殊的起源就讓教皇成了基督教世界的領袖。

於是教皇的地位經過歷代的傳承，一直持續到今天。

教皇有權威沒軍隊，日耳曼王有軍隊缺權威

羅馬帝國在三九五年分裂為東西之後，很快的，西羅馬帝國在四七六年瓦解，西羅馬的帝位也被廢除了。但是基督教的領袖教皇還在，並且成為了舊西羅馬帝國國內的最高領袖。不過這個最高領袖並沒有實質的權限，因此教皇必須攏絡會順從自己的世俗勢力，以確保自身的影響力。

這時候，日耳曼人在舊西羅馬帝國持續擴張勢力。教皇一邊對日耳曼人傳教，一邊與他們勾結。**教宗聖額我略一世**（Sanctus Gregorius PP. I）在六世紀末十分活躍，他就成功**讓日耳曼人改信天主教**，並形成支持羅馬教會的基礎體系。這位基督教世界的最高領袖聖額我略一世，在實質上也**建立了教皇的地位**。

日耳曼人的當權者也開始靠攏教皇，**利用教皇的權威獲得**將日耳曼民族統領起來的**正當性**。

日耳曼人雖然有強大的組織力和軍隊，卻缺乏權威。但在另一方面，教皇並沒有軍隊。因此兩者互相彌補對方不足之處，開始不斷加深彼此的關係。

隨著教皇與日耳曼人的相互關係日漸加深，在八〇〇年教宗利奧三世（Sanctus Leo PP. III）加冕日耳曼人的國王查理曼為皇帝。然而教宗利奧三世的這項行為在兩個

圖5-2　《查理曼大帝加冕儀式》（*Coronation of Charlemagne*），1861年
腓特烈．考爾巴赫（Friedrich Kaulbach）繪，藏於巴伐利亞州議會馬克西米利安紀念館。利奧三世為查理曼大帝（跪於畫面中央）戴上皇冠。

層面上來說都是違法的。

首先，日耳曼人沒有任何正統性可以繼承羅馬皇位。在羅馬帝國的時代裡，皇帝不像國王，需要繼承王的血統（參照第四節），只要有實力，就有資格。但就算再有實力，過去西羅馬帝國曾經被日耳曼人所滅，現在日耳曼人要成為羅馬帝國的皇帝，不僅在政治上缺乏正統性，在人們普遍認知上也說不過去。

第二，教皇只不過是宗教的領袖，並沒有羅馬帝國的政治權限或權威，也就是說，他根本不能任命皇帝。利奧三世的任命行為不但沒有法源根據，更是越權之舉。

從以上兩點來看，利奧三世的行為必定會招來反抗。因此，帝位授權的準備完全都是祕密進行，且當天就像奇襲作戰一樣，在聖彼得大教堂裡閃電完成加冕儀式。甚至有一說認為，就連查理曼本人都不知道會被加冕，可見其衝擊性。利奧三世的目的就是為了要出奇不意，製造查理曼大帝就任皇帝的既成事實。

亂世教皇難為，對新勢力販售「正統」

為什麼利奧三世會做出這種一意孤行的事呢？雖然利奧三世出身貧困階級，他卻能發揮自身的力量組黨結派，成為神職人員中的特例，甚至登上教皇的高位。他不斷暗殺反對勢力，並且做了各種不法之事。

因此，有許多勢力都很痛恨利奧三世，經常想要暗殺他。利奧三世為了逃亡，便離開了羅馬，越過阿爾卑斯山脈逃到法蘭克帝國查理曼的身邊。

在身處險境之下，利奧三世到處尋找能夠保護他的人：「只要能保護自己，什麼樣的人都好，無論是加冕皇冠或任何事情」，為了保身他已不擇手段。當時的利奧三世為求生存就是如此的迫切。

在教科書或歷史書籍當中，都是這樣說明的：當時為了要和強大的東方勢力拜占庭帝國（東羅馬帝國）相抗衡，利奧三世必須借助日耳曼人查理大帝的力量。雖然這確實也是原因之一，但是最主要的原因還是因為為人不正的利奧三世，當時要與暗黑勢力對抗以保生存，而去攏絡實力堅強的查理曼，事實上查理曼大帝是被已被逼入死角的利奧三世所利用了。

一般都認為查理曼大帝的加冕等同於「西歐世界的誕生」，不過這只能說是後人強加的說法罷了。

別有內情的教皇迫不得已想出的奇招，藉由授予帝位，讓西羅馬皇帝復活，這個帝位在九六二年鄂圖一世加冕之後，以神聖羅馬帝國的皇位代代傳承了下去。歐洲（尤其是西歐）帝位的起源，其實是由一個不單純的人靈機一動之下的不法作為，其實根本沒有任何正統性和根據。

無論如何，利奧三世的不法行為到了十九世紀又被拿破崙挪用。就像當初利奧三世授予查理曼大帝皇位一樣，他逼迫當時的教皇庇護七世（Servus Dei, Pius PP. VII）為自己加冕。

中世紀並沒有國家意識，但有宗教意識

在十一世紀，皇帝的地位一直都高於教皇。皇帝為了擴張自身的勢力，就不斷向諸侯施壓。諸侯就是持有地方領土的豪族與貴族。

與皇帝對立的諸侯，會依附教皇。而教皇就一邊攏絡諸侯，一邊不斷擴大自己的世俗權力。就這樣，教皇在和諸侯聯手之下，力量逐漸凌駕於皇帝之上。在一〇七七年，亨利四世甚至在義大利北部的卡諾莎，向教皇格里高利七世發誓表示順從，懇求教皇的原諒，史稱卡諾莎之行。

在中世紀的歐洲，以教皇為中心的基督教，以及其他連帶的宗教性組織，都有很強的歸屬意識。相反的，國

圖5-3　《卡諾莎城前的亨利四世》（*Henry at Canossa*），1862年
由 Eduard Schweizer 所繪，由慕尼黑馬克西米利安財團所收藏。皇帝在嚴冬之中赤著腳請求教皇贖罪。

家意識很薄弱。宗教超越了國家和民族，成為聯結意識的核心。中世紀的法國國王、英國國王或德意志國王，都只是空有虛名的存在罷了。

教皇雖然擁有強大的勢力，卻將地方政治完全交由諸侯管理，因此形成了地方分權式且鬆散的教皇聯合體系，也因為如此，歐洲始終沒有產生中央集權國家，各地方一直都是地方性的統治。

但在另一方面，教皇也組成了十字軍，掌握軍事上的權力。十字軍成功擊退入侵歐洲東側的塞爾柱王朝（屬於伊朗波斯民族），並以防衛基督教誕生地耶路撒冷為任務。十字軍也向東方的拜占庭帝國施壓，將統治之手伸向東歐。

十字軍的領袖就是教皇，教皇的權威不斷提高，到了十三世紀出現了依諾增爵三世（Innocentius PP. III），使教皇的權力達到最高峰。依諾增爵三世曾言：「教皇是太陽，世俗皇帝是月亮。」比喻教皇權力的強大。

但是之後十字軍在試圖擊退伊斯蘭勢力時屢屢敗退，到了十四世紀終於確定其失敗，而教皇的權威也隨之掃地。教皇沒落之後，皇帝與國王等世俗權力開始抬頭，開始朝著新時代邁進。

第三章

共和或帝制？因王而異：英、法、荷

6 英王不會英語，英國走上君主立憲

二〇一八年五月十九日，英國黛安娜王妃的次子哈利王子與女演員梅根·馬克爾，在英格蘭伯克郡的溫莎堡舉辦了結婚典禮。儘管有各種媒體報導批判梅根過去的離婚經驗和她的非裔血統，但這樁喜事確實為英國王室帶進了一股新的氣息。

這次的王室婚禮並沒有邀請政治人物，反而邀請了在戰爭中負傷的軍人，也不接受贈禮，並且還向公益團體進行勸募，與以往獨樹一格。

母親是非裔美國人的梅根嫁進英國王室，可以說是超越人種高牆的劃時代之舉吧。但另一方面，卻還有宗教的高牆必須跨越。英國自從十六世紀以來就信奉基督新教（Protestantism）為國教。而英國國教的領袖是伊莉莎白女王。

梅根原本信奉天主教（舊教），因此在舉辦婚禮前，她在倫敦皇家教堂內的王室禮拜堂接受了洗禮，正式成為英國國教徒。也就是說，她配合了英國王室的宗教。

英國在一七〇一年制定的王位繼承法中，就明文規定只有國教教徒才擁有王位繼承權，且其配偶也必須是國教教徒才行。這是因為歐洲的宗教戰爭頻發，為了要防止異教徒透過政策結婚奪走王室所訂下的規定。

但是英國在二〇一三年制定了新的王位繼承法（於二〇一五年開始實行），王室成員已經可以和天主教信徒結婚了。所以就算梅根沒有改信英國國教，在法律上也是能夠結婚的。**只是新的王位繼承法限定能和王室結婚的異教徒只有天主教，並不承認其他的宗教。**

不僅是英國王室，其實原則上歐洲的王室都不認可與其他宗教、宗派之間的聯姻。儘管今天不像過去，已經沒有宗教戰爭的危機了，但是要跨越宗教之間的藩籬仍然不是一件容易的事。

英國溫莎王朝的由來

一直到十八世紀左右，英國都是用漢諾威當王朝名稱。一九一七年，當時仍在第一次世界大戰期間，國王喬治五世為了避免使用屬於敵國德意志領土的地名（漢諾威地區）為王朝名，**因此改用英國最古老的王宮之一溫莎堡為王朝名，成了溫莎王朝。**溫莎王朝從喬治五世起，一直到現在的伊莉莎白二世，已經歷四代國王（見下頁圖6-1）。

國王喬治五世過世後，由長子愛德華八世繼任，但是他向曾離過婚的美國女性華麗絲・辛普森（Wallis Simpson）求婚，招來了輿論的反感。在華麗絲尚未離婚前，愛德華八世就逼迫她的先生簽屬離婚協議書，當時甚至引發了暴力事件。

當時的首相斯坦利・鮑德溫向愛德華八世發出警告：「你已將英國暴露在王室危機之中。」**並逼迫其退位**。因此愛德華捨棄王位，選擇與華麗絲結婚。愛德華八世此舉也被世人稱為「賭上王冠的戀愛」。

其後，愛德華八世的弟弟喬治六世即位，也就是伊莉莎白二世的父親。喬治六世是一位非常內向的國王，長期因為天生的口吃而煩惱，無法在眾人面前發表言論或演說。

二〇一〇年奧斯卡得獎電影《王者之聲：宣戰時刻》（*The King's Speech*），就是在描述喬治六世以及幫他改善口吃的語言治療師萊納・爾羅格（Lionel George Logue）兩人之間友情的真實故事。

喬治六世最終克服了口吃，在第二次世界大戰時的「開戰演說」震驚了英國人民，也鼓舞了眾人的士氣。

圖 6-1　溫莎王朝歷代四位國王

國王	在位期間
喬治五世	1917 年～ 1936 年
愛德華八世	1936 年
喬治六世	1936 年～ 1952 年
伊莉莎白二世	1952 年～

明明是王子，為什麼稱「皇太子」

一九五二年，喬治六世過世，由伊莉莎白二世繼位為女王。伊莉莎白二世是在位君主中年紀最高者，在二〇一九年四月，已屆滿九十三歲了。二〇一五年時，她已經在位超過六十三年，超越她的外高祖母維多利亞女王，成為英國史上在位時間最長的國王。時至今日她也相當勤奮，每年都會執行兩百件以上的公務。

伊莉莎白二世的丈夫菲利普親王是希臘出身的王族，由於希臘王室傳承了丹麥王室的血統，因此菲利普身兼希臘和丹麥的王子。但因希臘發生了政變，君主制被推翻，菲利普王子因此流亡海外，最後定居在英國。當時菲利普王子加入了英國海軍，並參與了第二次世界大戰。他是位非常有能力的軍人，許多人都對他寄予重任。戰後，他入籍英國，並從希臘正教改信英國國教，並在一九四七年與當時仍是公主的伊莉莎白二世結婚，在婚後接受了喬治六世授予的愛丁堡公爵爵位。

伊莉莎白二世與菲利普之間共有四個孩子，長子就是查爾斯王子。

但在日本總是習慣把查爾斯王子稱作查爾斯皇太子。伊莉莎白二世並不是皇帝，所以其王位繼承者應該是王太子而非皇太子，可是為什麼日本人會稱呼他為皇太子呢？

這是因為日本並沒有王太子（王子）的存在，日文裡也沒有這個詞。如果把

圖6-2 英國王位繼承順位

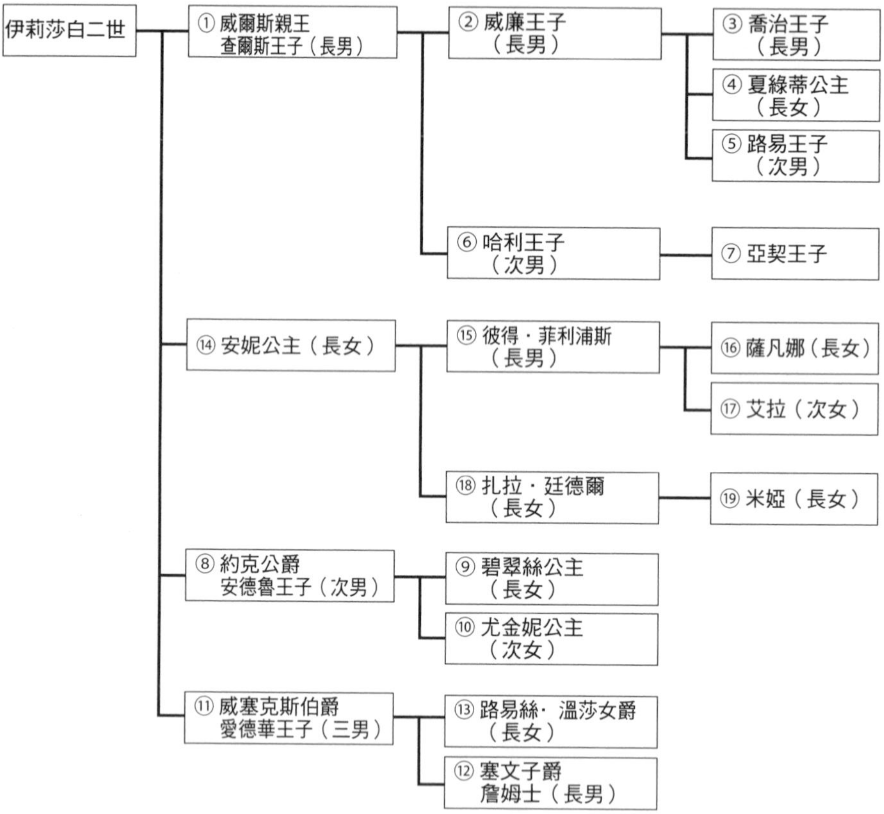

「Crown Prince」翻成日文，就是皇太子，如果翻成王太子，地位就會比皇太子低，或許是有這層考量，最終皇太子這個稱號就在日本固定了下來。

在日本，不僅是對英國，其實對其他國家的王子也都習慣統稱為皇太子。

英國王室有德國人血統

英國王室的變遷為：斯圖亞特王朝（十七世紀）→漢諾威王朝（十八世紀）→溫莎王朝（二十世紀）。

在一七一四年，斯圖亞特王朝遭到從德意志北部發跡的貴族漢諾威家族入主，由漢諾威家族的喬治一世成為國王，開啟了漢諾威王朝。換句話說，**今天的英國王室是德國人血統**。那麼，為什麼英國人讓德國人登上了王位呢？

從開朝國王詹姆士一世開始，斯圖亞特王朝總共歷經了六位國王。第六位是女王安妮，此後絕後。當時詹姆士一世有個孫女索菲婭在德意志，索菲婭的母親是詹姆士一世的長女伊莉莎白，她嫁給德意志貴族腓特烈五世（是為普法爾茨選帝侯。所謂的選帝侯，是指有權利能選羅馬人民的國王和神聖羅馬帝國皇帝的諸侯），生下了索菲婭。索菲婭同樣也嫁給了德意志貴族漢諾威選帝侯。

圖6-3 漢諾威王朝誕生之前的國王血統

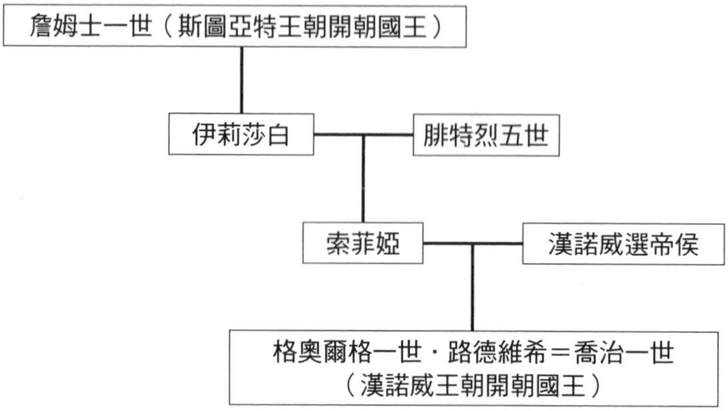

由於斯圖亞特王朝末代的女王安妮沒有子嗣，王室因此承認讓索菲婭（這時她被稱為普法爾茨的索菲婭〔Sophie von der Pfalz〕，或者是被人稱為漢諾威的索菲婭〔Sophie von Hannover〕）繼承王位。

但是索菲婭竟然比安妮女王還要早兩個月過世，因此在女王死後只好讓索菲婭的長子格奧爾格・路德維希繼承王位，是為國王喬治一世。德語的格奧爾格（Georg）就是英文的喬治（George）。

一七〇一年制定的王位繼承法中，有一條規定是「繼承者必須有斯圖亞特家的血統」，因此英國的王位繼承者才會只限定於索菲婭的後代。直到今天，英國都將索菲婭認定為王室直系的祖先。

英王不會英文，英國走向君主立憲

索菲婭的兒子喬治一世除了是英國國王之外，還身兼漢諾威選帝侯的地位。由於喬治一世並不會英文，對英國並沒有親近感，因此幾乎都待在德意志的漢諾威生活。再加上他很少參與英國國政，被認為是「不臨朝、不問政」的國王，**從此開創先例，確立英國的立憲君主政治**，成為英國首相制的開端。其實英國國會議員故意選德國人當國王，就是為了不讓國王介入政治。

漢諾威王朝在其後有喬治二世、喬治三世、喬治四世繼位，到了十九世紀後半更有維多利亞女王時代的盛世。

在維多利亞女王執政的時代，英國不斷在海外擴張領土，最終甚至統治了全地球陸地面積四分之一的領土、全世界四分之一的人口（四億人）。英國名實兼具，成為了一個真正的帝

圖6-4　《普法爾茨的索菲婭》（*Sophie von der Pfalz*），1658年彼德·萊利（Peter Lely）所繪，為個人收藏。索菲婭被認為是目前**英國王室的始祖**。她才色兼備、對政治有很高的敏感度，輔佐自己的丈夫漢諾威選帝侯。

國。維多利亞女王認為「開化殖民地的人民和文化」是大英帝國的使命，並抱有強烈的信念，認為將世界各地的不同民族都納為大英帝國的臣民，就是對他們的救贖。

儘管世界各地對大英帝國的統治，都產生很強烈的反感，但畢竟維多利亞屬於比較柔性的「女王」，因此對各地的反抗有很大的緩和效應。維多利亞女王身為「帝國之母」，相當支持教育等慈善活動，像印度的甘地就相當景仰維多利亞女王。

不過事實上，維多利亞女王命令首相迪斯雷利（Benjamin Disraeli）對英國殖民地的反抗或動亂，採取了毫不寬容的措施。也因此在維多利亞女王的時代裡，英國幾乎沒有一刻是沒有戰爭的。

一九〇一年，維多利亞女王逝世，由長子愛德華七世繼位。其後又由愛德華七世的兒子喬治五世接位，到了一九一七年，王朝由漢諾威王朝變成溫莎王朝，直到今天。

伊莉莎白一世清除英國宗教對立，詹姆士一世統一英國政治

在前面我們探討了斯圖亞特王朝→漢諾威王朝→溫莎王朝變遷的過程，接下來，讓我們簡單的看看在這之前的王朝吧。

英國在斯圖亞特王朝之前，是都鐸王朝，知名的伊莉莎白一世，就是這個都鐸王

圖6-5 英國王朝的變遷

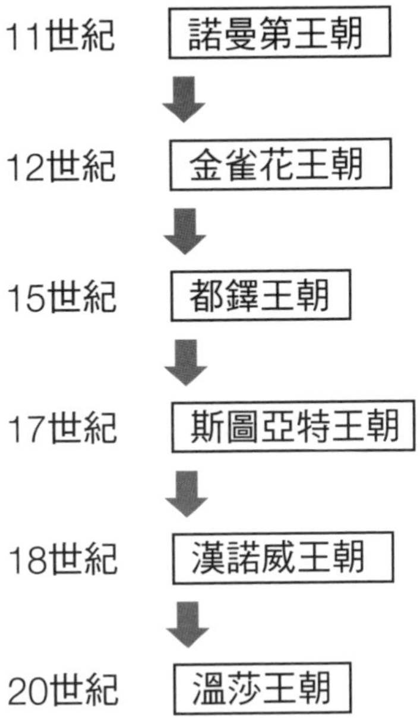

朝的女王。

伊莉莎白一世弭平了天主教（舊教）與英國國教的宗教對立，並攻破了世界上最強大的西班牙無敵艦隊，建立了英國強大王國的基礎。

伊莉莎白一世曾言：「我已經嫁給了國家。」因此她終身未結婚。不過這也是因為國內外政治情勢的複雜，使得她無法結婚。雖然如此，她有不少情人，比如萊斯特伯爵（Robert Dudley, 1st Earl of Leicester）等人。她到臨終前都沒有產下子嗣，都鐸王朝因此絕後。

一六〇三年，伊莉莎白一世過世後，由伊莉莎白一世的遠親、蘇格蘭國王（斯圖亞特家族）詹姆士六世繼位，成為聞名一世的英國國王（英格蘭國王），並稱為詹姆士一世，開啟了斯圖亞特王朝。

當時蘇格蘭尚未和英格蘭統一，是兩個不同的國家。詹姆士一世當上國王後，兩國同歸一個君主，由同一個王朝統治。

圖6-6　《詹姆士一世》（*James VI and I*），1605年
約翰·德·克里茨（John de Critz）所繪，現由普拉多美術館藏。
喜歡英格蘭的詹姆士一世，自從成為英格蘭國王後，就**只回過蘇格蘭一次**。

詹姆士一世期望英格蘭和蘇格蘭在政治上也能統一，但兩國卻強烈反對。但是詹姆士一世自稱起大不列顛之王（King of Great Britain），舉手投足儼然是兩國聯合王國的國王，甚至還發行通用貨幣「Unite」。在詹姆士一世時代的一百年後，也就是一七〇七年，英格蘭和蘇格蘭終於統一，成為了大不列顛王國（Great Britain）。

英國在都鐸王朝之前有金雀花（Plantagenet）王朝。在這個王朝的期間，英國和法國之間發生了大規模的戰爭，被稱為百年戰爭。在金雀花王朝之前還有諾曼第王朝，是由人稱「維京人」的諾斯人所建立的王朝（參照第四節）。

7 法國王室怎麼斷頭、成了總統制

在歷史上，有些人民看見自己國王的首級在地上滾，會感到開心。那些就是英國人和法國人了。

亙古至今，有許多國王都是被政敵暗殺而亡，但憑藉民眾之意、透過人民之手、在眾人面前被公開處刑的國王，就只有英國國王查理一世和法國國王路易十六。

對日本人來說，很難想像君王會被人民公開處刑。在日本歷史中，也沒有出現過此類事件。即使是在五九二年，崇峻天皇被大臣蘇我馬子所殺，但這屬於政敵的暗殺，而非由民眾發起的處刑。

但是英國人和法國人就不一樣了。他們用自己的手，殺了他們的國王。一六四九年，在清教徒革命後，英國查理一世被最高法院判處死刑，並在懷特霍爾宮的國宴廳大門外公開行刑；一七九三年，路易十六在法國大革命時，由國民公會投票決議，並宣告死刑，最後在巴黎革命廣場（今天的協和廣場）被公開處死。

圖7-1　《查理一世三面像》（*Charles I in Three Positions*）1635年至1636年
安東尼·范戴克（Sir Anthony van Dyck）繪，英國王室收藏。
查理一世非常喜歡動物，很溺愛自己所養的寵物狗。他所養的犬種被以國王之名命名為查理斯王小獵犬（Cavalier King Charles Spaniel）。他深愛其妻子，**是少見沒有納妾的國王**。

查理一世是被劊子手用斧頭斬首，如果沒有一次就砍斷脖子，會痛苦萬分。有些劊子手為了讓死刑犯痛苦加倍，有時甚至會故意砍偏。對查理一世來說，幸運的是劊子手讓他一擊斃命、乾淨俐落。

相較之下，法國似乎就比較「人性化」，還開發了不會失誤、百發百中的斷頭臺。路易十六是個工具狂，他很喜歡親手製作手銬等，甚至還參與斷頭臺的設計，路易十六為了減輕受刑人的痛苦，他還改變鍘刀的角度。不過他大概從來也沒想過，自己後來會死在這個斷頭臺下吧。

在路易十六被處決的隔年，王后瑪麗·安東尼也魂斷斷頭臺之下。

資產階級決定共和或君主立憲

在革命過後，法國和英國都恢復了君主制。英國在君主制復活後，一直維持到現在，但是法國卻在一八四八年再度廢止了君主制，此後再也沒有復辟。究竟為什麼會有這樣的差異呢？

如果用一句話來形容的話，那就是英國的保守勢力比較狡猾聰明，巧妙的迴避民眾的不滿，而恢復君主制。但是法國的保守勢力卻沒有這種高明的政治手段。

圖7-2　《路易十六》（*Louis XVI*），1788年
安托萬－弗朗索瓦·加萊（Antoine-François Callet）繪，凡爾賽宮收藏。目前仍留有「被妻子瑪麗·安東尼所操控的愚蠢國王」的形象。據傳他有很嚴重的包莖，因此無法生子。

十六、十七世紀，歐洲各地的經濟市場越來越成熟，被稱為「資產階級」（按：亦被稱作資本家、布爾喬亞）的新興勢力開始抬頭。資產階級就是從事工商業的生意人。無論是大銀行的老闆、企業的社長，或是中小企業商店的員工，只要大家都是生意人，就都是資產階級。

資產階級源自於德語的都市、城鎮（Burg）。在歐洲中世紀，人們會在城牆內舉辦市集，而參與這個市集的工商業生意人，就會被視為「城牆裡的居民」，進而被稱為**Burger**，以法文來說則是**Bourgeois**。在法國大革命時，資產階級非常活躍，對社會產生了相當大的影響力，因此後來提到這個字時，普遍都會使用法語的發音。資產階級在由人民發起的法國大革命裡擔任了主要角色，因此逐漸也有了「人民」的意思。

王侯、貴族等保守勢力屬於上流階級，而資產階級則是中產階級。在被稱為「近代」的十六、十七世紀後，資產階級漸漸成為社會的核心，牽動著經濟發展與現代化的變革。

資產階級與下層階級共同結合就成了共和制；和上流階級結合，就會成為君主立憲制（見圖7-3）。而法國屬於前者的例子，英國則是後者。

是誰期望對國王行刑？

在上流階級和下流階級的權力拔河當中，資產階級要靠攏哪一方，就成了決定政

圖7-3　階級與政治體制

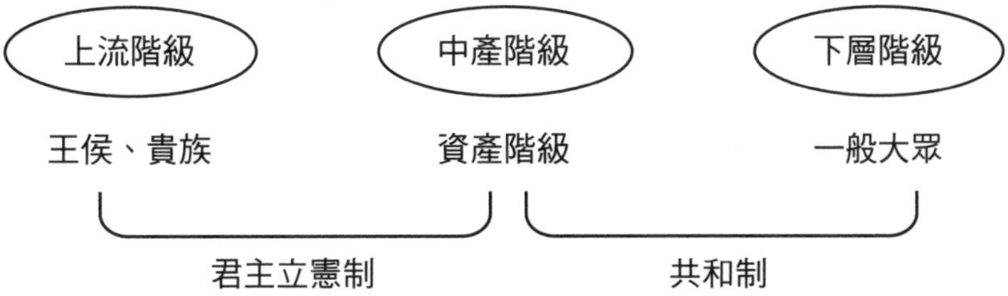

治體系的關鍵。

英國的上流階級向資產階級提供許多妥協方案，並成功攏絡他們。他們明文制定規則與權利關係，並且藉由遵守這些規定以達到確保公正，而不是讓王侯貴族任意決定（專制）。具體而言，一六八八年所制訂的「權利法案」就具有這種精神。資產階級認同這種明文規定的作法，儘管上流階級歌頌君主制，資產階級仍然選擇邁向與他們共存的道路。因此英國以「權利法案」為基礎，發展出了君主立憲制。

但是在制訂權利法案的五十年前，英國大部分資產階級都激烈的反抗上流階級，並積極與下層階級聯合。上流階級緊抓著自己的特權不放，阻止新興產業的發展，就連稅制也只設計成對自己有利的方式。當時上流階級與資產階級之間的對立很深，幾乎沒有妥協的餘地。

一六四二年，英國國會議員克倫威爾率領著資產階級發起了人民革命，是為清教徒革命。他們攻破了保守派，並擄獲了國王查理一世。對於「是否要對查理一世處刑」這個問題，資產階級勢力也產生了很大的內部對立。贊成將國王處刑的都是下層階級。他們是共和派，非常排斥貴族等特權階級。而大部分的資產階級都贊同下層階級的意見。

另一方面，資產階級中的右派勢力則是反對將查理一世判處死刑。他們反對共和制，主張應該保有維持身分階級的君主立憲制。革命領袖克倫威爾贊同多數派的左派勢力，在一六四九年將國王處以死刑。

革命過後，奧立佛．克倫威爾自命為護國公（一六五三年至一六五八年在任），打著共和制的旗號，但他並非真的為下層階級實行了共和制。

克倫威爾的政治姿態和他在成立政權（建立新的議會）之前差異極大。在成立政權之前，他和下層階級一起發動人民革

圖7-4　《奧立佛．克倫威爾》（*Oliver Cromwell*），1649年
羅伯特．沃克（Robert Walker）繪製，英國國家肖像館藏。
克倫威爾死後，被貶為「殺了國王的人」、「大逆不道」。直到 19 世紀之後，他的政治手腕和他本人才終於獲得正當的評價。

命，率領革命軍打倒了保守派，並且聽從下層階級的要求，將查理一世判處死刑。

然而一旦掌握政權後，克倫威爾就開始打壓下層階級。尤其是下層階級中有一派積極主張共和制、被稱為「水平派」的派系，他將水平派視為危險人物，還將許多人處以極刑。另一方面，克倫威爾為了政治運作，必須借助資產階級的經濟力量，因此開始實行擁護中產階級的政治。

資產階級勢力對與下層階級合作，抱有危機意識。下層階級占了總人口的一半，他們如果群起，為了要求自己的權利而發起動亂，就會演變成不可收拾的局面。如此一來，資產階級的地位就會遭到動搖。

克倫威爾查覺到了革命後的這股氛圍，因此改變了自己的政治姿態。

稱君主為王，但不治理國家

在克倫威爾死後，資產階級勢力與貴族等上流階級加深了連結，資產階級為了要保護自己，開始強烈肯定身分階級的社會。

資產階級勢力主張議會政治，上流階級則主張君主制。因此就產生了兩者折衷後的君主立憲制。君主立憲制承認國王與王室的存在，但是卻不允許獨裁政治，以議會所制定的憲法為基礎，限制了國王的權力。

上流、中產階級形成了議會勢力，一邊排除共和派，一邊打著君主立憲政治的穩健旗幟，實現君主制的復活。一六六〇年，由查理二世即位。

一開始，查理二世表現出對君主立憲主義的理解，並向議會妥協，建立起了良好的關係。但是他漸漸的不聽取議會的意見，也加深了與議會的對立。查理二世過世後，由他的弟弟詹姆士二世繼位。詹姆士二世為人保守且強硬，企圖重新實行專制統治。由於無法避免與議會之間的對立，在一六八八年發生了光榮革命，詹姆士二世遭到流放，英國接著就制定了前面提到的權利法案。

在光榮革命後，英國國會不再承認國王實質上的政治權力，並收回過去國王擁有的外交交涉權、關稅或消費稅等徵稅權、行政執行權等權力。從此誕生了這句名言：「君主稱王，而不治理國家」。英國從這時候開始確立了君主立憲制度，往後再也沒有出現為了打倒君主制而發起的人民革命了。

法國的下層階級因數量而強大

反觀法國，上流階級和資產階級之間就沒有互相妥協或讓步。資產階級選擇與下層階級攜手共進。到了今天，法國王室已不存在，最主要的原因就在這裡。

法國與英國不同，下層階級的勢力在革命過後也扮演著相當重要的角色。**國王路易十六被處死之後，周邊的王國都害怕革命波及到自己的國家**，因此紛紛以軍事介入法國。而英國是島國，在革命後沒有受到其他國家的介入。

普魯士王國和奧地利的軍隊都想要介入法國的政治，引起法國強烈的排斥。為了要打倒其他國家的軍隊，就必須擁有強大的陸軍。而組成法國陸軍的，正是下層階級的民眾。他們在戰場上賭上性命奮勇抗戰，因此獲得了強大的政治發言權，任誰都無法輕視他們。英國的克倫威爾在革命後，毫不手軟的打壓下層階級，但在法國，這種事絕不可能發生。

法國暴露在被其他國家侵略的危機之中，下層階級的士兵就是革命國家最前線的守護者，他們的權利與主張就被視為絕對。趁著這股力量被簇擁而上的軍人，就是拿破崙。**拿破崙可以說是法國下層階級的代表**。

資產階級勢力也支持拿破崙等人的下層階級勢力。對法國的資產階級而言，與下層階級聯手合作是必然之事，在這層意義上，君主制根本沒有存續的空間。

十九世紀初期拿破崙的時代裡，陸軍士兵的數量會左右戰爭勝負。到了十九世紀後半，武器的質量反而大過士兵的數量，成為勝負的主要原因。**拿破崙之所以強大的祕**

訣，就在於他能在歐洲人口數一數二的法國進行徵兵，士兵的數量壓倒性勝過了其他國家。而支撐法國強大軍事力的，就是下層階級的民眾了。

拿破崙三世輸了普法戰爭，也輸了法國榮耀和帝位

儘管拿破崙軍隊十分強大，卻仍抵不過其他各國的包圍網，最終走向瓦解。拿破崙被流放到大西洋上的孤島聖赫倫那島，到了一八一五年，法國君主制復辟，由路易十六的弟弟路易十八即位，波旁王朝正式復活。

但是下層階級累積了許多不滿，很快的在一八四八年再度爆發了人民革命（二月革命）。這次國王並沒有遭到處死，卻被迫退位。從此之後，法國就再也沒有恢復國君主制了。

君主制崩毀之後，由共和制取代。但是共和主義者卻沒有辦法有制度的運作政權，國家因而陷入混亂。拿破崙的姪子拿破崙三世出場，收拾了這場混亂。

拿破崙在過去以下層階級（特別是士兵）的支持為基礎，並獲得資產階級的支持，因而成為皇帝。這種廣泛獲得中、下階級支持的政治手法，就借拿破崙・波拿巴（Napoléon Bonaparte）之名，被稱為「波拿巴主義」（Bonapartism）。換句話說，

拿破崙就是連結了下層、中產兩個階級的黏著劑。

而拿破崙三世使用了與拿破崙同樣的手法獲得政權，在一八五二年，他受到人民壓倒性的支持，即位成為皇帝。人民都將「再現過去法國榮耀」的重任託付在姪子拿破崙三世的身上。

拿破崙三世為了攏絡農民與勞動者，祭出了許多福利政策，在一八五五年也舉辦了巴黎萬國博覽會，當時的巴黎市區就已經規畫、建設成今天我們看到的樣貌了。

在另一方面，拿破崙三世為了獲得資產階級的支持，也積極的推動對外戰爭。在亞羅號戰爭（Arrow War，第二次鴉片戰爭）進入中國市場；在義大利獨立戰爭介入義大利市場；出兵印度支那以獲得進入越南、柬埔寨市場的機會，甚至還遠征墨西哥等，為了獲得海外商業市場而四處奔走。

圖7-5　《拿破崙三世》（*Napoleon III*），1868年
阿道夫．伊馮路（Adolphe Yvon）所繪，藏於沃特斯藝術博物館。
和叔叔相同，拿破崙三世沒有繼承君主的正統性，因此被歐洲其他君主瞧不起。尤其是俄國皇帝，更露骨的鄙視他是暴發戶。

拿破崙三世在中產、下層階級兩方都站穩了腳步，建立取得平衡的政治，但在一八七〇年的普法戰爭中失敗，於是帝王制崩壞。拿破崙三世成為普魯士（德意志）的俘虜，其後雖遭到釋放，卻流亡到英國去。同一年，法國就成立了第三共和國。屬資產階級的阿道夫・梯也爾（Adolphe Thiers）成為領袖，採取了議會制。順帶一提，法國的第一共和國是在法國革命後、第二共和國則是在二月革命後建立的。

第三共和國一直持續到一九四〇年納粹進攻巴黎為止。一九四六年戰後，成立了議會權力極大但更迭頻繁的第四共和國，一九五八年，隨著夏爾・戴高樂（Charles de Gaulle）就任總統，建立了總統權力至上的第五共和國，直到今天。

8 荷蘭從省分晉升王國，差點稱霸世界

雖然一般人常誤以為在荷蘭可以使用大麻，但事實上，這在荷蘭並不合法，荷蘭的法律規定，持有、使用大麻都屬違法。但是根據地方行政區域的判斷，如果是個人使用、並且在五公克以下，可以獲得緩刑。也就是說，雖然違法，卻不會被處罰。

在荷蘭的首都阿姆斯特丹，有一個被稱為「紅燈區」的大規模性交易區域，且為世人所知。無論是毒品還是賣春，只要在能自行負責的範圍之內，政府並不會一一去取締，可謂是自由之國荷蘭才會有的做法。

荷蘭在十六世紀從西班牙獨立，成為沒有君王的聯邦制共和國（尼德蘭七省共和國，又稱聯省共和國，俗稱荷蘭共和國），包含荷蘭等各省，都擁有幾乎完整的自治權。荷蘭是商業國家，商人們為求能夠自由的貿易、通商，因此很討厭被權力所訂下法規限制。

因此，他們**徹底實行自治**，認為自己的問題，由自己解決，不但把國家權力限縮

圖8-1　《夜巡》（*De Nachtwacht*），1642年林布蘭．范．萊因（Rembrandt van Rijn）繪，現藏於阿姆斯特丹國立美術館。從繪畫中，可知當時荷蘭的理念是國家由人民共同統治、共同管理。

到最小，連警察組織也限制在最小範圍內。荷蘭的代表畫家林布蘭所繪的《夜巡》（見圖8-1），就描繪出市民自警團在街上巡邏的模樣。

荷蘭這種自治原則是國家成立以來的傳統，而人民將這個概念延伸出去，就發展出毒品和性交易屬於要自行負責的範圍。

「荷蘭」從省名變國名

雖然荷蘭一直實行自治原則，但是現在的荷蘭其實是王國（君主立憲制），而不是共和國，正式的國號是尼德蘭王國（Koninkrijk der Nederlanden）。

二〇一三年，荷蘭女王碧翠絲讓位給長男威廉－亞歷山大，她在電視上發表演說並宣布讓位。荷蘭的王朝是奧蘭治—拿騷王朝。那麼，荷蘭是什麼時候、又是如何形成王國的呢？

荷蘭原本是德意志（神聖羅馬帝國）的一部分。荷蘭的英語是 Dutch，但是這個 Dutch 就是德意志（Deutsche）的意思。換句話說，荷蘭當時並沒有自己的國名。到了十六世紀荷蘭獨立，**英國為了區分荷蘭和德國，才將荷蘭稱為 Dutch，而德國稱為 German（也就是日耳曼）**。

荷蘭的國土幾乎都在標高兩百公尺之下，有四分之一是低於海平面的海造田，也因此被稱為「低地之國」（Niederlande，nieder 在德語中意思是低的），荷蘭語則是 Nederland。

在荷蘭各省當中，阿姆斯特丹的所在地荷蘭省是最豐饒的，藉此成為了各省的代表，取其名「荷蘭」為國名。

在歐洲中世紀，荷蘭的人民極度貧窮，辛苦的開墾海造田，到了十二世紀才終於得以轉換成酪農地或農耕地。

荷蘭以強大經濟作為獨立基礎

當時的德意志由神聖羅馬帝國所統治。神聖羅馬帝國擁有很廣大的土地，從西班牙、德意志到奧地利、東歐。而荷蘭也在神聖羅馬帝國的統治之下。

十六世紀，神聖羅馬帝國的皇帝查理五世，將廣大的帝國疆域分成了奧地利系和西班牙系（下一章會詳細的說明）。而他的兒子菲利普二世繼承了西班牙及荷蘭，從此之後，西班牙人民就活在菲利普二世的暴政之下。但在這時，荷蘭急速發展商業，銀行、證券公司、保險公司等金融機關在阿姆斯特丹林立，從歐洲各地聚集了豐富的資金。

圖8-2　《威廉一世》（*Portrait of William the Silent*），1579年
阿德里亞恩．托馬斯．基（Adriaen Thomasz Key）繪，阿姆斯特丹國立美術館藏。
威廉一世的能力在年輕時便受到皇帝查理五世的肯定，並賦予他統治荷蘭的重任，但與菲利普二世有很嚴重的對立。

荷蘭以強大的經濟為背景，與西班牙打起激烈的獨立戰爭，在一五八一年成功獨立。在一六四八年簽訂的《西發里亞和約》中，各國終於承認荷蘭獨立。在獨立戰爭中率領荷蘭軍的人，是拿騷（Nassau）家族的威廉一世。

一開始，威廉一世臣服於西班牙，但在一五六八年，荷蘭軍起義，才終於讓他下定決心幫助荷蘭。不過荷蘭軍比西班牙軍隊弱小，總是連戰連敗。這讓威廉一世領悟到，正面與西班牙對戰，是不可能獲得勝利的。所以他將商用船改造成軍用船，並指揮軍用船神出鬼沒的襲擊駐留在沿岸都市的西班牙軍隊。這個作戰非常成功，還讓荷蘭軍奪回了港灣都市。

拿騷家族曾是德意志貴族

領導荷蘭獨立的威廉一世出身於拿騷家族，這個家族至今仍在荷蘭王室中傳承。拿騷是德國西部萊茵蘭—普法茲（Rheinland-Pfalz）的地方都市，拿騷家族是統治這個地方的德意志貴族。

拿騷家族在十六世紀初期，藉由婚姻繼承等手段獲得荷蘭南部的布雷達，加深了與荷蘭的地緣關係。在威廉一世承襲拿騷之前，拿騷家族的大家長是亨德里克三世，他當時就被神聖羅馬帝國任命為荷蘭省、澤蘭省和烏得勒支省的總督。

此外，拿騷家在十六世紀後半，又因為婚姻繼承而獲得法國南部的奧蘭治親公

圖8-3　拿騷家族勢力的擴大

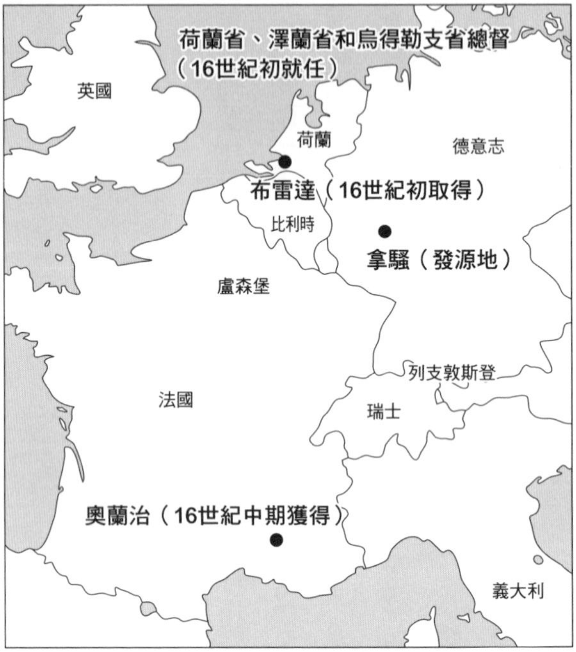

國（拿騷家族勢力範圍見圖8-3），從此之後，拿騷家便自稱是「奧蘭治—拿騷家族」（House of Orange-Nassau），並且把地位較高的奧蘭治擺在前面，因此又被人稱為奧蘭治親王。

出身這個家族的**威廉一世**指揮了荷蘭獨立戰爭，他的後代子孫世襲了**荷蘭共和國總督**的地位。

順帶一提，拿騷家的領地奧朗日（Orange，「奧蘭治」的法文讀音）在一七一三年被太陽王路易十四合併為法國領土，因此奧蘭治親王也只是名目上的稱號而已，並沒有領土。

因為英國有需要，荷蘭總督（親王）成了英國國王

十七世紀之後，荷蘭高揭「自由商業」的理念，從國內外不斷引進人力、物資和資金，並急速發展，甚至遠征，企圖征服全世界。趁歐洲正陷入三十年戰爭（一六一八年至一六四八年），荷蘭開始進攻亞洲，他們掌控了麻六甲海峽，到達東南亞、臺灣和中國，勢力甚至擴展到江戶時期的日本。

但是荷蘭和英國在爭奪海上貿易的利權時，立場對立。當時的英國經歷了人民革命，克倫威爾才剛成立獨裁政權，就發生英荷戰爭。商業大國荷蘭不敵英國強大的海軍，節節敗退。從此之後，荷蘭勢力大為衰退，而英國卻確立其優勢的地位。

英國開始向海外拓展，在北美和印度都與法國對立激烈。一六四三年法國路易十四即位，也開始積極拓展海外版圖。為了和法國對抗，英國不得不和荷蘭重新修復關係。

荷蘭因為英荷戰爭的失敗，一心想要復仇，但英國卻破格的釋出誠意。一六八八年的光榮革命中，英國國王詹姆士二世被流放，英國從荷蘭招來了威廉三世與他的妻子瑪麗二世登基為王，從此荷蘭的最高領袖成為英國國王，正式與荷蘭合而為一。

威廉三世的世家從威廉一世開始，連續五代都是荷蘭（奧蘭治）親王，其妻子瑪麗二世則是斯圖亞特貴族出身，因此英國承認夫妻倆為共同統治者，以國王的身分共治

圖8-4　《威廉三世》（*William III*），1680年代
戈弗·雷內勒（*Godfrey Kneller*）繪，蘇格蘭國立美術館藏。
威廉三世成為「英荷同盟」的實際證據，登基為英國國王。

英國。所以威廉三世實際上一出生便是「奧蘭治親王」。儘管奧蘭治親王只有一代，沒有後繼者，但荷蘭與英國算是「共主邦聯」。

英國得到荷蘭的支援後，自此展開長達百年戰爭。在第二次英法百年戰爭當中，英國獲得最終勝利，在十八世紀後半成長為君臨世界的大英帝國。

歐洲不承認荷蘭是王國，卻默許其併吞比利時

在威廉三世之後的第三代親王，也就是威廉五世的時代裡，法國發生了法國大革命。一八〇二年，荷蘭被拿破崙占領，威廉五世被迫退位。

荷蘭雖然因此受到法國的統治，但隨著拿破崙政權的衰退，奧蘭治—拿騷家族開

始復興。然而這個貴族並不是以共和國總督的身分復活，而是君主立憲制國王的身分。

拿破崙下臺後，在一八一四年至一八一五年的維也納會議上，採用正統原則，歐洲各國的王室都重新回復到法國大革命以前的狀態。在這個保守協調的體制內，各國並不承認荷蘭要成為共和國的訴求。歐洲對於之前整個歐洲陷入一片混亂保有很強的警戒心，在必須徹底壓制共和派勢力的狀況之下，荷蘭並沒有辦法抵抗這股壓力。

歐洲各國雖然不承認荷蘭成為王國，但允許其併吞南尼德蘭（比利時）。比利時直到一八三〇年獨立為止之前，都在荷蘭的統治之下（於下一章詳述）。

威廉六世於一八一五年即位成為荷蘭「國王」威廉一世，荷蘭「總督」從此代代都由奧蘭治—拿騷家族世襲，終於正式成為荷蘭王室。從威廉一世開始算起，現在的荷蘭國王威廉—亞歷山大是第七代。

連續三代「女王之國」

荷蘭的王位繼承是長子繼承制，不分男女，只要是長子就能繼承王位。但這是在一九八三年之後的事，在此之前都是以男性優先，規定除非沒有男性近親者，才能以最近親的女性繼承。

現在的荷蘭國王威廉－亞歷山大的長女是卡塔里娜－阿馬利婭**女王儲**（奧蘭治女親王，生於二〇〇三年）由於長子繼承制的規定，**未來她將會繼承王位**。

國王的其他子嗣還有二女兒和三女兒，因為都為女性，所以無論如何，荷蘭下一個國王是女王的可能性相當高。在世界大戰之前，荷蘭就連續了三代女王，可說是一個「女王之國」。

威廉－亞歷山大國王的母親碧翠絲女王，和德國外交官克勞斯親王結婚。克勞斯親王在年輕時是納粹黨員，所以荷蘭人民對這樁婚姻有諸多批判。克勞斯親王因此有適應障礙，最終有了心理疾病。不過因克勞斯親王的個性非常幽默，他也曾說過：「我的工作不過就是參加典禮、剪剪綵帶。」經常逗笑周圍的人。也因為他的個性是如此可親幽默，最後還是獲得了人民的擁戴（於

圖 8-5　荷蘭歷代國王（奧蘭治－拿騷家族）

國王	在位期間	親屬關係
威廉一世	1815 ～ 1840 年	由總督（親王）成為國王
威廉二世	1840 ～ 1849 年	威廉一世之子
威廉三世	1849 ～ 1890 年	威廉二世之子
威廉明娜	1890 ～ 1948 年	威廉三世之女
朱麗安娜	1948 ～ 1980 年	威廉明娜之女
碧翠絲	1980 ～ 2013 年	朱麗安娜之女
威廉 - 亞歷山大	2013 ～	碧翠絲之子

二〇〇二年去世）。

碧翠絲女王在一九九五年訪問曾是荷蘭殖民地的印尼，當時她曾發表「支配殖民地是互利行為」的演說，引發輿論一片譁然。

威廉－亞歷山大國王曾於荷蘭的萊頓大學攻讀歷史學。當他與阿根廷出身的女性馬克西瑪訂下婚約時，遭到了各方的批評，因為馬克西瑪的父親在阿根廷是惡名昭彰的軍事大臣。兩人在二〇〇二年結婚，威廉－亞歷山大國王以踏實而穩重的個性聞名。

第四章

小轉富、弱轉強，因為有王：西、比、德、義

9 哈布斯堡絕後，法國人當西班牙王

國王的命運在很多時候都是不幸的。哈布斯堡家族的國王們尤其如此。首先，他們患有肢端肥大症（Acromegaly）。西班牙哈布斯堡家的王族長久一來都因為此病所苦。這種病的特徵，是在發育期因為生長激素分泌過度，造成下顎較大、嘴脣過厚、面顴骨突出、前額凸起等現象。除此之外，手腳過長造成身體肌肉緊縮，尤其是下顎的肌肉會衰退，嘴巴無法閉合。

西班牙哈布斯堡王朝最後一任國王卡洛斯二世，就患有典型的肢端肥大症。卡洛斯二世智能發展遲緩、行為怪異，因此被稱為「著魔者」（El Hechizado）。他在性功能方面也有問題，一直無法生育後代，因此王朝在他這一代斷後。

西班牙哈布斯堡家族的後代有很多人都活不過十歲，年幼就早夭。從十六世紀到十七世紀之間，哈布斯堡家族的三十四個孩子當中，有十人在一歲以前就死亡（二九．四％），有十七人在十歲之前死亡（五〇％），比起當時一般百姓的幼兒死亡率還高。

圖9-1　《卡洛斯二世》（*Carlos II*），1680年
戈弗．雷內勒繪，藏於普拉多美術館。
卡洛斯二世除了智能發展遲緩之外，還為許多精神疾病所苦。當王妃過世時，甚至陷入精神錯亂，將王妃的遺骸開棺。

卡洛斯二世在當時也被認為可能會夭折，但是他卻活到了三十九歲。

人們見到因病所苦的王族們後，開始認為他們是「被詛咒的貴族」。事實上，王族會不斷出現患有疾病、障礙、畸形的孩子，是因為**王室連續多代近親通婚的後果**。王室貴族經常有叔姪、堂表兄弟姊妹等血緣關係者的通婚，不斷重複的結果，就產生了遺傳性的疾病。

西班牙哈布斯堡家族有八〇%的人都與三等親之內的血親結婚，近親通婚的親緣係數（近親繁殖係數）異常的高。

其實，當時的社會對「近親交配會生出多病的孩子」也有一定的認識。那為什麼哈布斯堡家族還是刻意進行近親通婚呢？為了要理解這一點，就必須深入剖析哈布斯堡家族的歷史。

哈布斯堡家族為保有財富而近親通婚

在十世紀左右，哈布斯堡家的貴族竄起於萊茵河上游的德意志南部，也就是現在的瑞士。萊茵河與多瑙河交界處一帶都是他們的領地，他們活用水路進行活躍的貿易活動，因此累積了許多財富。到了十三世紀，又以奧地利的維也納為據點，將領土擴展到整個德國南部。

他們對神聖羅馬帝國（德意志）的皇位抱持著野心，並且以豐富的財力攏絡德意志各地諸侯，最後終於被選為皇帝。十五世紀，哈布斯堡家族的世襲地位獲得承認，一直到十九世紀神聖羅馬帝國被拿破崙打倒為止，都由哈布斯堡家族代代相傳。

哈布斯堡家族開始世襲皇位沒過多久，當時的皇帝馬克西米利安一世就跟勃艮第公爵的女兒結婚。勃艮第公爵是法國貴族，領地範圍從法國東北部到尼德蘭（荷蘭、比利時）。由於勃艮第公爵沒有兒子可以繼承他的財產，因此馬克西米利安一世就繼承了勃艮第的領土尼德蘭。

馬克西米利安一世的兒子菲利普一世與西班牙公主胡安娜結婚，因此他的孫子查理五世身上流著一半西班牙人的血統。西班牙王國沒有男性繼承人，所以查理五世又繼承了西班牙。換句話說神聖羅馬帝國的皇帝查理五世，同時也是西班牙國王卡洛斯一世。

圖9-2 哈布斯堡家族姻親

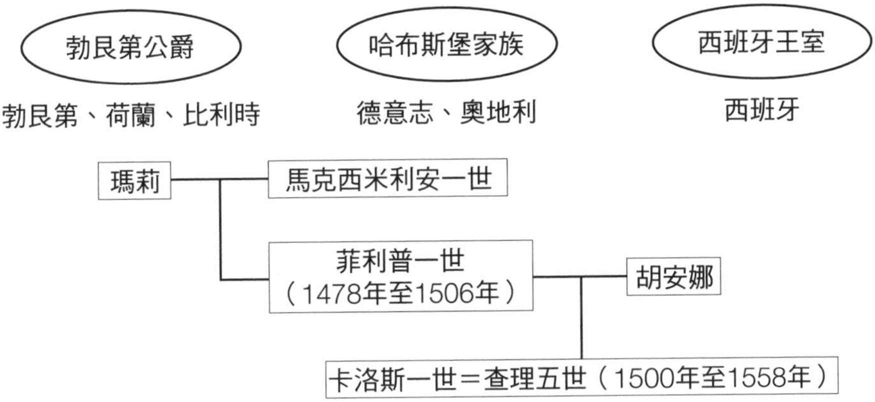

隨著不斷透過婚姻關係的繼承，哈布斯堡家族到了查理五世時，已經擁有奧地利、德意志、荷蘭、比利時以及西班牙這片廣大的領土，成了一個大帝國。除此之外，還有那不勒斯王國、西西里王國等義大利南部的領土。

哈布斯堡家族就是從這個時候開始，不斷進行近親通婚。由於自己是透過婚姻關係繼承並擴大領土，他們因此開始產生警戒心，開始擔心其他家族也會透過婚姻獲取土地。為了不讓領土被其他人所奪，哈布斯堡家族因此創下了**禁止與其他家族結婚的不成文規定**。對領土等財產產生的獨占欲，就是他們出現近親通婚的最主要原因。

兩個哈布斯堡：奧地利系與西班牙系

哈布斯堡帝國在查理五世的時代達到全盛時期，但在查理五世死後，領土卻一分為二。查理五世的弟弟斐迪南一世繼承了神聖羅馬帝國的皇位及奧地利、德意志的領土，被稱為奧地利的哈布斯王朝。而查理五世的兒子菲利普二世則繼承西班牙與尼德蘭，是西班牙的哈布斯王朝（見圖9-3）。

到了大航海時代，位於大西洋沿岸的西班牙有著卓越的發展，其強勢傳遍全球，但是在一五八八年西班牙的無敵艦隊被英國海軍打敗，失去了海上霸權後，國力從此衰退。

奧地利的哈布斯王朝和西班牙一樣，不斷進行近親通婚。但是不像西班牙一樣有著這麼高的近親繁殖係數，因此大多數後代不像卡洛斯二世有非常嚴重的遺傳病。

奧地利哈布斯堡家族擁有許多健康後代，十八世紀的女王瑪麗亞．特蕾莎就生了五個兒子、十一個女兒，總共十六個孩子，非常多產。最小的女兒瑪麗．安東尼日後成了法國

圖9-3 查理五世之後哈布斯堡帝國的分裂

奧地利系	西班牙系
弟弟．斐迪南一世	兒子．菲利普二世
德意志、奧地利、東歐	西班牙、荷蘭、比利時
→神聖羅馬帝國（到1806年） 奧地利帝國（到1918年）	→西班牙王國（到1700年）

國王路易十六的王妃。

奧地利系的家族在此後也不斷傳承下去，但由於第一次世界大戰的敗北，帝國在一九一八年解體。

另一方面，西班牙在菲利普二世之後，持續四代的西班牙國王：菲利普三世→菲利普四世→卡洛斯二世，但隨著一七〇〇年卡洛斯二世過世，王室血統因此斷後。

畏懼法國力量，西班牙讓法王之孫當國王

西班牙哈布斯堡王朝絕後之後，法國國王路易十四（波旁王朝）一心想讓自己的孫子成為西班牙的國王。因為路易十四的王妃瑪麗亞·特蕾莎出身哈布斯堡家族，而他的孫子自然是傳承了哈布斯堡家族的血緣。

西班牙貴族恐懼於法國波旁王朝的強大力量，因此開始進行協商。最後他們承認路易十四的孫子菲利普五世為國王（見下頁圖9-4），因此開始了西班牙的波旁王朝，一直延續到今天的西班牙王室。

但是歐洲其他各國，尤其是英國和奧地利帝國，強烈反對法國貴族成為西班牙國王，從而引發西班牙王位繼承戰爭。這場戰爭持續了十年以上，法國雖然最終獲得西

圖9-4　西班牙哈布斯堡與波旁家的關係

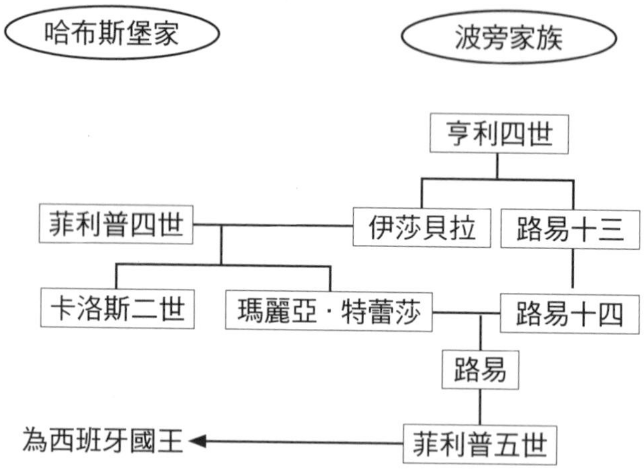

班牙的王位繼承權，但是也付出了莫大的代價。他們將新大陸等領土全部割讓給英國，也將南尼德蘭（比利時）和義大利等領土割讓給奧地利。

路易十四的孫子菲利普五世因為有法國當後盾，他便一手掌握西班牙，並建立西班牙波旁王朝的基礎。在路易十四過世後，雖然他虎視眈眈法國王位，但終究還是被法國貴族所阻止了。順帶一提，菲利普五世患有嚴重的精神疾病，長年為嚴重的躁鬱症和睡眠障礙所苦。

西班牙國王長年施行暴政，使國力衰退

西班牙波旁王朝曾有一段時期受到拿破崙的統治，在十九世紀中斷。從那時開始

約兩百年，西班牙國王所實行的政治都非常保守而固執，極端的打壓自由主義。這也造成西班牙國力衰退，並且失去了拉丁美洲、菲律賓等廣大的海外殖民地。

一九三一年，左翼共和派的勢力逐漸增強，第十代國王阿方索十三世被迫退位，共和國成立。之後西班牙經歷內戰，西班牙首相弗朗西斯科·佛朗哥成立獨裁政權。一九七五年弗朗西斯科·佛朗哥死後，阿方索十三世的孫子胡安·卡洛斯一世即位，西班牙的波旁王朝正式復辟。

當時七十六歲高齡的胡安·卡洛斯一世在二〇一四年，以世代交替為由，在生前退位。在這之前，西班牙的法律並沒有任何關於生前退位的規定，所以西班牙趕在兩個星期之內立了相關的法案，讓上下兩院裁決通過了此法。在日本，二〇一七年六月也通過了承認天

圖9-5　《菲利普五世》（*Felipe V*），1723年
讓·朗克（Jean Ranc）繪，藏於普拉多美術館。
西班牙波旁王朝的始祖。接手西班牙時，祖父路易十四叮嚀他：「要成為一位好的西班牙人，這是你的最大任務。但也不要忘了你是法國人。」

皇生前退位的特立法，兩者相當類似（皇位為「終身」制，生前退位是打破制度，需於法有據，並規範退位皇帝的權利與權力）。

西班牙國王在歷史上一直施行暴政，讓人民苦不堪言，所以即使到了胡安・卡洛斯一世的時代，民意調查顯示不支持君主制度的意見仍超過半數。直到下一任的國王菲利普六世，才逐漸獲得人民廣大的支持。

原則上以父系男性繼承，但有「共治」

隨著胡安・卡洛斯一世的退位，菲利普六世即位成為現任西班牙國王。從路易十四的孫子菲利普五世開始計算，菲利普六世是第十二代的國王。

菲利普六世在學時，在馬德里自治大學攻讀法律，他也是一名運動員，曾以帆船選手的身分出賽巴塞隆納奧運。二〇〇四年，他和西班牙國家電視臺（TVE）的新聞主播萊蒂西亞結婚，生下了萊昂諾爾公主和蘇菲亞公主。

萊昂諾爾公主是西班牙下一位王位繼承人，預計她會是從十九世紀第八代國王伊莎貝拉二世之後的第一位女王。萊昂諾爾公主相貌端麗，西班牙人民都期待著一位美麗女王的即位。

西班牙的王位繼承和日本相同，基本上只承認父系男性繼承王位。但是西班牙和日本不同的是，如果沒有直系男性，就可以由女性繼承。

波旁王朝的正宗法國、旁系的西班牙，過去都遵守著《薩利克法》（Salic law，是中世紀以來西歐通行的法典）的規定：只允許父系男性繼承王位。《薩利克法》是法蘭克人薩利克民族所創立的法蘭克王國的法典，而法國王室一直嚴守著這部法典。

哈布斯堡家族也遵守著這部《薩利克法》，以防止王室被其他家族的男性給篡奪。之前提到的奧地利帝國瑪麗亞．特蕾莎女皇，其實並不是法統上的皇帝，皇帝是她的丈夫法蘭茲一世，瑪麗亞．特蕾莎則是以皇后的身分，和丈夫「共同統治」國家。法蘭茲一世在稱帝之前是洛林公爵，因此從瑪麗亞．特蕾莎開始，之後的奧地利帝國也被稱為哈布斯堡洛林王朝。

現在的西班牙王朝仍沿用這部《薩利克法》的傳統，原則上只允許父系男性繼承王位。但由於現任國王菲利普六世沒有兒子，所以下一任出現女王的可能性極高。

葡萄牙的兩個王朝：阿維斯王朝與布拉甘薩王朝

葡萄牙為了要對抗伊斯蘭的入侵，而形成了以軍人勢力為基礎的王國，一邊與西班牙勢力對抗，一邊增強國力。

葡萄牙阿維斯王朝（Dinastia de Avis）的勢力在十五世紀大航海時代，便開始進入印度，在當地建立繁榮的盛世。阿維斯王朝鞏固王權，並確立了歐洲最早的絕對主義王權（專制）。順帶一提，開啟歐洲航海大發現時代的核心人物，航海家恩里克就是阿維斯家族出身。

一五八〇年，阿維斯家族斷後，被鄰國哈布斯堡系西班牙王國併吞，當時的西班牙國王菲利普二世承認葡萄牙是共主邦聯，允許其自治，實行較鬆散而和緩的統治手段。但到了十七世紀，由於西班牙對葡萄牙的壓制，使得葡萄牙人的獨立意識高漲。在一六四〇年，葡萄牙獨立，阿維斯家族的旁系布拉甘薩家族的若昂四世，即位成為葡萄牙國王。布拉甘薩王朝（Dinastia de Bragança）雖然隨著西班牙王朝的衰退而停滯，但布拉甘薩持續統治葡萄牙到二十世紀。

在十九世紀後半，產業革命抬頭，資產階級與勞工紛紛以實現共和主義為目標。在一九一〇年十月五日革命中，君主制被打倒，葡萄牙末代國王曼努埃爾二世逃亡到英國，布拉甘薩王朝因而崩解。葡萄牙從此成為共和國，直到今天。

之後葡萄牙不斷出現政變，進入了混亂期，直到一九三〇年代，當時葡萄牙總理薩拉查（António de Oliveira Salazar）率領的軍事獨裁政權，才穩定了葡萄牙的政權。

10 比利時國王很英國、盧森堡大公很荷蘭

現任比利時國王菲利普，在仍是王儲（王子）的時代裡，被人評價為「世界上最無趣又難以取悅的王子」。他總是一副臭臉，從來不笑，因此大眾對菲利浦的印象就是陰沉。當時甚至很多人都認為「菲利普王子不適合當國王」。

事實上，菲利普出身比利時皇家軍校，之後又到英國的牛津大學、美國史丹佛大學留學，修習政治學，頭腦非常聰明，是位優秀的人才。他曾擔任空軍中尉，被分配到空降部隊之後，順利調升空軍上校、少將。由於他的個性謹慎認真，很適合軍人這份職業。菲利普的興趣是哲學，從沒有和女性出現任何緋聞。

在日本，如果是這種個性認真的皇室貴族，一定會受到輿論的好評，但是對於個性活潑開朗的比利時人來說，就不一樣了。

而讓菲利普完全改變的，就是他的妻子瑪蒂爾德了。瑪蒂爾德讓菲利普（當時還是王子）穿上色彩明亮、款式休閒的衣服。在這之前，菲利普只穿過暗色系的西裝，因

此光是這樣就是一項創舉。

除此之外，瑪蒂爾德還嚴格的叮嚀菲利普，在照相的時候一定要笑，對他的表情和說話方式等，也有很多細部的指導。菲利普很認真的遵守妻子的指導，瑪蒂爾德也會嚴密的挑選要公布給媒體的照片。

結果，人民對於王子的印象大為改善。菲利普王子在二〇一三年以五十三歲的年齡即位，受到比利時人民強力的支持。

瑪蒂爾德王后最近對媒體公布國王陪孩子上學的照片，非常成功的打造國王愛家的父親形象。要塑造國王形象是相當困難的一件事，菲利普國王的個性認真，人民對他本來就有信賴感，只要改變他嚴肅而陰沉的印象，人民對他的好感度也就大大提升了。

瑪蒂爾德王后出身比利時貴族（杜德甘・達歌斯伯爵之女），大學專攻心理學，並有語言障礙治療師的執照。一九九九年結婚後生下伊莉莎白王儲，共育有四個子女。

比利時將有首位女王

菲利普國王的父親，前國王阿爾貝二世在生前就退位了。生前退位的原因除了正式發表的高齡理由之外，還有私生子的事件、逃漏稅嫌疑等，他可能因為這些事件失去了人民的支持。甚至在二〇一三年，一位主張自己是阿爾貝二世私生女的女性提出訴訟，將比利時國王告上法庭。

阿爾貝二世的政治能力非常優秀，二〇一〇年，比利時各黨為了建立聯立政權，交涉進入死胡同，有長達一年以上的時間都無法行使政權。阿爾貝二世從中引線，讓各政黨相互妥協取得平衡。

比利時曾經有「語言戰爭」，這是一場地區性的紛爭。北部有說荷蘭語的佛萊明人（日耳曼語族），南部有使用法語的瓦隆人，阿爾貝二世積極推動與協調兩者之間的友好。附帶一提，比利時的官方語言是法語。

比利時的父系男性有繼承王位的資格，但比利時的議會一向抱有男女平權的概念，因此修改了憲法，讓長子（長女）擁有王位繼承權。經過修憲後，菲利普國王的長女伊莉莎白公主（二〇〇一年生）就成了第一王位繼承人。比利時的國民非常期待第一位女王的來臨。

歧視宗教、限制語言，比利時只好獨立

比利時王室的歷史至今還不足一百九十年，在歐洲當中算相當新的王室，就連國

號「比利時」也很新；大約從十八世紀左右，在一片民族主義高漲之中，才開始使用這個國號。在此之前，比利時人和荷蘭人一樣是「尼德蘭人」。他們既不是荷蘭人也不是法國人，這個國名取自在高盧地區的**日耳曼族中的一支「貝爾蓋人」**（Belgae）之名，成為了比利時（Belgien）。

中古世紀的舊名「弗蘭德」主要是指比利時的地區名稱，也包含了法國東北部，因此比利時人對這個舊名稱沒有什麼認同感。

尼德蘭則是荷蘭北部和比利時南部的總稱，這個區域在十五世紀之後，就被納入神聖羅馬帝國的領土。

神聖羅馬帝國的皇帝查理五世死後，就成了西班牙哈布斯堡家的領土，在西班牙國王菲利普二世的年代裡，人民受到重稅等嚴苛的統治。菲利普二世是虔誠的天主教徒，但尼德蘭北部（荷蘭）的新教徒很多，他一方面打壓當地新教徒，一方面卻對天主教徒較多的尼德蘭南部（比利時）採取懷柔政策。

北部七省（荷蘭）為了對抗西班牙哈布斯堡家族，而發起了荷蘭獨立戰爭。但是南部的十省（比利時）則對西班牙很恭順。南部十省在十九世紀之前都在哈布斯堡家族的統治之下，直到一八一五年的維也納會議，才與荷蘭王國合併（見圖10-1）。

荷蘭國王威廉一世歧視且打壓天主教徒多的比利時人，更強制禁止學校實行天主

圖10-1　尼德蘭的變遷

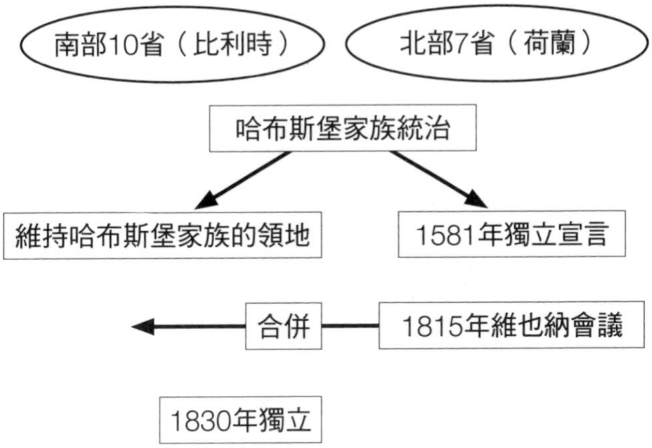

教教育，只能教導荷蘭語。當時的政府與軍中要職也都為荷蘭人所獨占。

比利時人的不滿終於爆發，在一八三〇年發起獨立革命，以布魯塞爾為中心對荷蘭軍進行了激烈的街頭巷戰，比利時的革命軍雖然是少數，但仍然占上優勢。由於英國的介入，荷蘭軍不得不撤退，最終屈服於英國的壓力。

英國對比利時的野心

英國助了比利時一臂之力，承認其從荷蘭獨立。獨立後，英國推舉和英國王室有親緣關係的薩克森—科堡和哥達（Saxe-Coburg and Gotha）家族的公爵利奧波德一世為比利時國王。一八三一年，利奧波德一世即位。這位利奧波德一世究竟來者何人呢？

回溯薩克森—科堡和哥達家族的血緣，可以追到德國有名的貴族薩克森家族。從薩克森家往後延續，其家族分支後來擁有「科堡」（德國巴伐利亞州北部都市）和「哥達」（圖林根州的一郡）的領土，成為了薩克森—科堡和哥達家族。

十八世紀，該家族一位名叫維多利亞的女性嫁入英國王室，生下之後成為英國女王的亞歷山德麗娜·維多利亞。維多利亞女王的丈夫阿爾伯特親王，也是出身於薩克森—科堡和哥達家族。正如圖10-3所示，英國王室和該家族有著很深的親緣關係。

英國為了確保自己對比利時的影響力，大力推薦和自己有血緣連結的利奧波德一世為比利時國王。這樣看來，比利時王室不過是因應英國的需要所產生的王室。

比利時王室是薩克森—科堡和哥達王朝。但在一九二〇年第一次世界大戰中，德意志是比利時的敵國，由於比利時很忌諱王朝來自德意志，因此第三代國王阿爾貝一世就禁止使用這個名稱。他將家族直接改名為「比利時」，直

圖10-2　《利奧波德一世》（*Leopold I*），1839年
弗朗茲·溫德爾哈爾特繪，由比利時王室收藏。
比利時王室的始祖。利奧波德一世也和英國的王族（喬治四世之女）結婚，但她不久就死亡了。之後他又和法國王族再婚。

圖10-3　維多利亞女王系圖

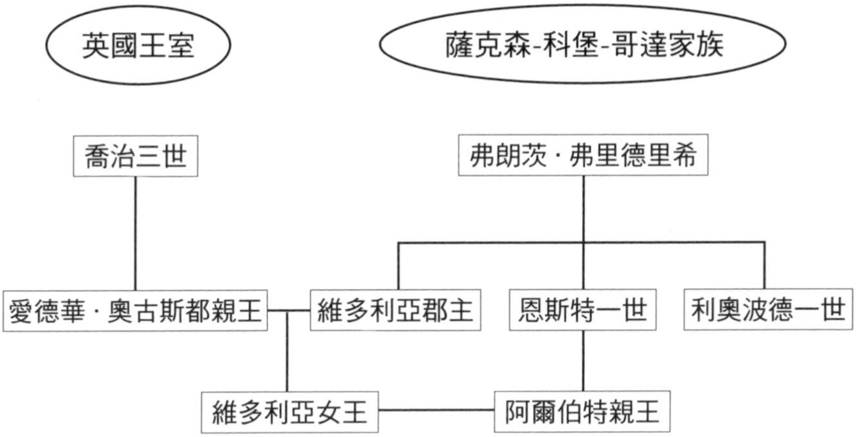

圖 10-4　比利時歷代國王（比利時家族）

國王	在位期間
利奧波德一世	1831 年～ 1865 年
利奧波德二世	1865 年～ 1909 年
阿爾貝一世	1909 年～ 1934 年
利奧波德三世	1934 年～ 1951 年
博杜安一世	1951 年～ 1993 年
阿爾貝二世	1993 年～ 2013 年
菲利普	2013 年～

到今天。

盧森堡原是德意志的一部分

「荷比盧三國」，指的就是荷蘭、

比利時、盧森堡。

盧森堡是人口大約五十七萬人的大公國，大公國就是以公爵為君主的國家。公爵是貴族當中地位最高的存在，僅次於國王。其他貴族的階級請參考圖10-5。

盧森堡從中世紀以來，就一直是神聖羅馬帝國的一部分。因此他們強烈的想要回歸德意志，盧森堡人實質上就是德意志人。盧森堡語是一種以德語為基準，又混入了法語和荷語的混和性語言。

在拿破崙垮臺後，一八一五年的維也納會議上，盧森堡大公國正式成立，由奧蘭治—拿騷家的荷蘭國王登上大公爵之位，與荷蘭形成共主邦聯。

一八三〇年比利時獨立時，國土雖然和荷蘭本土分離，但**盧森堡的大公還是持續著由荷蘭國王兼任**。

荷蘭第三代國王是兼盧森堡大公的威廉三世。當他在一八九〇年去世時，威廉明娜女王繼承了荷蘭的王位。但是盧森堡卻不承認由女性繼承大公的位子，因此威廉明娜並沒有成為盧森堡的大公。奧蘭治—拿騷家的貴族阿道夫即位成為盧森堡大公，**從此解除了**

圖 10-5　爵位排序

1	公爵（Duke）
2	侯爵（Marquess）
3	伯爵（Earl）
4	子爵（Viscount）
5	男爵（Baron）
6	準男爵（Baronet）
7	騎士（Knight）

與荷蘭的共主邦聯。盧森堡大公國從此才獲得了實質上的主權獨立。盧森堡獨立後的第一代大公阿道夫是現在盧森堡大公國的始祖，目前已經到了第六代大公亨利（見圖10-6）。盧森堡的大公屬於奧蘭治—拿騷家。

阿道夫的兒子威廉四世由於沒有男性繼承人，因此國家修改了法律讓大公的女性後代能夠繼承。瑪麗・阿黛拉伊德女大公就成了威廉四世的繼承人。

盧森堡雖然是君主立憲制，但大公有行使行政權的權力。

圖 10-6 歷代盧森堡大公（奧蘭治 - 拿騷家族）

大公	在位期間
阿道夫	1890 年～ 1905 年
威廉四世	1905 年～ 1912 年
瑪麗・阿黛拉伊德	1912 年～ 1919 年
夏洛特	1919 年～ 1964 年
若望	1964 年～ 2000 年
亨利	2000 年～

七個極小卻極富的國家

在歐洲，包含盧森堡大公國在內，總共有七個小國，無論領土面積、人口數量都規模很小（見下頁圖10-7）。這些國家被稱為「微型國家」（Mini-state），其中的公國仍然有公爵等君主。而梵蒂岡的君主則是羅馬教皇。

近代的民族國家在形成的過程當中吸收、併吞各諸侯的領土，但是卻遺漏了一些地區，這些地區就成了微型國家，一直到了今天。

這些微型國家由於人口較少，平均下來人均GDP都比較高，但是由於沒有編列花費在軍備上的預算，只能將國防委託給其他國家。

比方說，列支敦斯登公國委託給瑞士；摩納哥公國委託給法國；安道爾侯國委外給法國與西班牙；梵蒂岡委外給義大利等，各自在有狀況的時候，都必須委託其他國家。除

圖10-7 歐洲的微型國家

此之外，梵蒂岡國內的治安則是由義大利的警察負責。聖馬利諾共和國於三〇一年立國就是共和國，沒有君王。國防委由義大利。

盧森堡大公國和列支敦斯登公國，已成為歐元金融圈富裕人士私人服務銀行的中心地，他們活用特有的優惠稅制和資訊隱密性的特性，在此地聚集了巨額的資金。

11 德意志與義大利的統一，沒王辦不到

馬基維利曾說：「對待人民的態度，要嘛是寬容的，要嘛是高壓的。」他是十五世紀至十六世紀文藝復興時期，具代表性的義大利思想家。他在作品《君王論》中表示：「個人之間要遵守信義時，可以依靠法律、契約書或協議。但是要權力者遵守的信義，唯有仰賴力量。」

馬基維利認為，君主有時也會背信棄義、不講仁慈、悖乎人道、違反天道。然而他嚴酷且貫徹了政治現實主義，直到今天依然沒有褪色，不斷的

圖11-1　《尼可洛・馬基維利》（*Niccolò Machiavelli*），16 世紀前半藏於佛羅倫斯舊宮。以佛羅倫斯共和國外交官的身分活躍政壇。當法國讓佛羅倫斯共和國解體後，他被流放過著隱居的生活，在 1513 年完成了《君王論》。

反映掌控與權力的真相。

義大利在馬基維利的時代裡，是尚未成為統一的國家，分裂為米蘭公國、佛羅倫斯共和國、威尼斯共和國、羅馬教皇國與那不勒斯王國，彼此紛爭不斷。

在當時一片群雄割據的義大利當中，馬基維利在軍官切薩雷·波吉亞（Cesare Borgia）身上看到理想的君主形象。他藉由各種謀略除去了許多政敵，讓人聞之變色。

切薩雷·波吉亞的父親是西班牙鄉村貴族波吉亞家族的家長，隨後成為聖職人員，一路當上樞機，他最後甚至用賄賂、強硬手段當上羅馬教皇。切薩雷的父親自稱是教宗亞歷山大六世，亞歷山大六世喜好女色，切薩雷是他與其中一位愛人所生下的兒子。

據說亞歷山大六世和切薩雷為了要排除政治上的異己，使用名為「坎特瑞拉」的砒霜。這是要強調波吉亞家族為了肅清政敵，會使出狠毒手段所流傳的故事，至於真偽無人能知。《一杯酒》這幅畫，就是描繪切薩雷將下了毒的紅酒遞給客人的畫面（見下頁圖11-2）。

統一教皇國跟法、西對抗，曇花一現

切薩雷懷抱著一統義大利的野心，亞歷山大六世為了助他一臂之力，因此率領軍隊進攻義大利北部，一一攻陷各個城市，甚至還拿下了敵對的法國。馬基維利非常讚賞切薩雷統一義大利、不斷攻城掠地的大局觀，以及他的戰術、戰略技巧。馬基維利甚至在《君王論》中提到：

「世人或許會認為切薩雷・波吉亞既冷酷又殘忍，但是羅馬尼亞（義大利北部區域）卻是因這冷酷而形成了秩序，並帶來了和平與忠誠。」

圖11-2　《一杯酒》（*A Glass of Wine with Caesar Borgia*），1893年
約翰・科利爾（John Collier）繪，藏於伊普斯維奇博物館。
右側身穿神職人員服裝的是亞歷山大六世，左側向客人勸酒的是切薩雷。中央的女性是切薩雷的妹妹盧克雷齊亞。盧克雷齊亞天生貌美，屢屢被父親安排政治聯姻。

不只是馬基維利，就連達文西也認同切薩雷的才能。在一五〇二年，達文西還曾短暫的擔任切薩雷的軍事工程師。當時的達文西年屆五十，切薩雷才二十七歲。達文西替他進行築城等土木工程的指導和

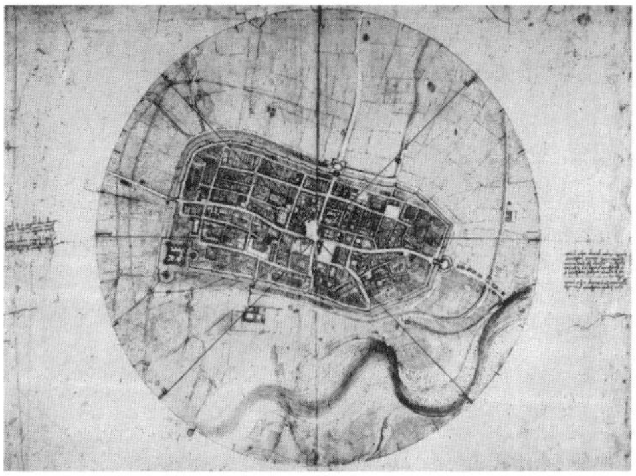

圖11-3　達文西繪製的伊莫拉地圖

地圖（見圖11-3）的製作等，效忠於切薩雷。

羅馬東北部的伊莫拉是知名女豪傑卡特琳娜・斯福爾扎的領地。卡特琳娜是米蘭貴族斯福爾扎家族分支的一系，和波吉亞家族一直是對立關係。一四九九年，切薩雷占領伊莫拉。切薩雷以此地為據點，計畫建築要塞。達文西為了這個計畫，繪製伊莫拉的詳細地圖。

一五〇三年，教皇亞歷山大六世突然過世。由於屍體腫脹得非常嚴重，甚至塞不進棺木裡，所以人們推測是被毒殺而死的。切薩雷失去了教皇這個後盾，勢力大衰。與亞歷山大六世處於激烈敵對狀態的儒略二世成為新教皇後，他立刻派人逮捕切薩雷。從此之後，切薩雷開始過著逃亡生活，最後失意而死，年僅三十一歲。

切薩雷等人的教皇勢力，在十六世紀的義大利建立了「統一教皇國」，力量強大到足以和西班牙、法國等強國對抗。在切薩雷死後，義大利各國又逐漸開始對立，不斷加深混亂與彼此的分裂。

普魯士王國由農轉商變強大

德意志與義大利相同，從中世紀以來就沒有統一，一直處在分裂的狀態。普魯士、巴伐利亞、薩克森、漢諾威等勢力在各地群雄割據。

十七世紀之後，德意志出現了霍亨索倫家族建立的普魯士，取代了強大的哈布斯堡家族。普魯士起源於德意志東北部，非常致力於強化軍事力量，並開始發展起來。普魯士位於波羅的海貿易圈，沿岸還有俄羅斯、北歐等，是交通的要地，尤其地理位置比德意志其他地區都還要突出。普魯士原本是農業國家，主要將穀物輸出至荷蘭和英國。

十七世紀的大航海時代後，歐洲內陸地區的貨幣經濟已經滲透各地，沿岸地區的經濟成長也影響到內陸地區。普魯士便以各個城市為中心開始發展，比如首都柏林。

普魯士在一七〇一年成為王國（霍亨索倫王朝），在腓特烈・威廉一世的時代裡不斷增強軍備，到了兒子腓特烈二世（腓特烈大帝）的時代，有了很大的躍進。

因此這時期的德意志北部有普魯士的新勢力，南部有舊勢力奧地利哈布斯堡家族，兩者對立就引發了戰爭。普魯士的腓特烈二世和奧地利的女王瑪麗亞・特蕾莎為了爭奪德意志的霸權，在一七四〇年和一七五六年引發兩次戰爭。這兩次戰爭都將英國和法國牽扯進來，成為複雜的國際戰爭，最終由普魯士獲得勝利。

圖11-4　統一前的德國

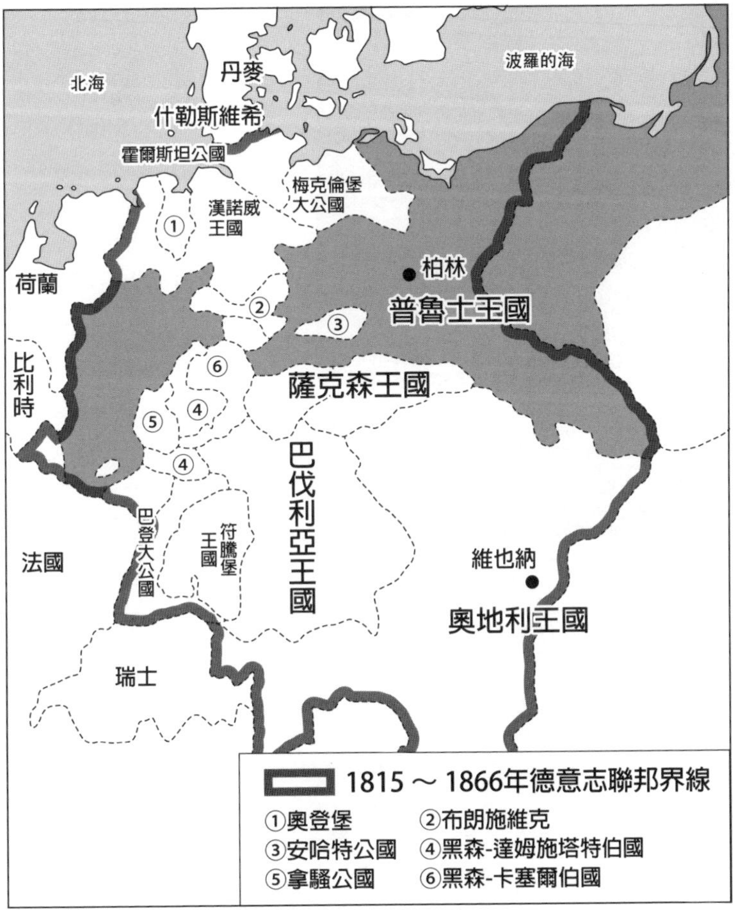
北海
丹麥
波羅的海
什勒斯維希
霍爾斯坦公國
梅克倫堡大公國
漢諾威王國
①
荷蘭
柏林
②
③
普魯士王國
比利時
⑥
薩克森王國
⑤
④
④
巴伐利亞王國
巴登大公國
符騰堡王國
法國
維也納
奧地利王國
瑞士
1815～1866年德意志聯邦界線
①奧登堡
②布朗施維克
③安哈特公國
④黑森-達姆施塔特伯國
⑤拿騷公國
⑥黑森-卡塞爾伯國

普魯士的勢力之後也不斷增強，到了十九世紀後半，在普魯士的主導之下，德意志終於達成統一。

腓特烈二世為了獎勵人民，於是在貧瘠的土地上有系統的種植馬鈴薯。然而人民並不吃馬鈴薯，所以他以身作則的每天吃。由於馬鈴薯的收成增加，德意志的作物供給也獲得了改善，馬鈴薯因此成為德意志的主食。

圖11-5　《腓特烈二世》（*Friedrich II*），1781年
安頓・格拉夫繪，藏於無憂宮。
由於腓特烈二世是同性戀，因此沒有子嗣，一生中養了 11 隻格雷伊獵犬，且十分溺愛牠們。他甚至在遺言中提到死後要將自己埋葬在愛犬的墓地裡，不過最後還是被埋葬在教堂中。第二次世界大戰後，遺體被移往西德，1991 年德國統一後，終於**按照他的遺言，安葬於無憂宮東邊 11 頭愛犬的墓園裡。**

俾斯麥操控德意志變成帝國

普魯士雖以德意志東北部貧瘠的土地為領土，卻有稱為「容克」（Junker）的大地主，他們經營大規模的農場，和法國、俄羅斯等擁有肥沃土地的農業國家對抗。除此之外，一部分富裕的貴族地主轉而經營工商業，成為資產階級。十八世紀腓特烈二世統治時期的後半，地主們多半有投資工商業。當時普魯士發展的產業還有生產陶瓷器、武器彈藥、煤炭鐵礦等礦工業等，各項產業都相當蓬勃。

到了十九世紀，在普魯士，這些產業引進了英國發明的蒸汽機原理及鑄鐵法，開始推動生產機械化和擴大工廠規模。這個時代並沒有發明專利的概念，說難聽點，就是可以無限盜取他人的發明。**普魯士的工程人員最喜歡盜取英國的發明**，然後再加上獨自的改良，讓工廠設備得以不斷進化。

普魯士的近代工業化以容克為中心不停加速，到了一八三〇年代，普魯士正式展開產業革命，這股浪潮同時影響了普魯士周圍，例如聯邦國家薩克森、漢諾威等，一八三四年德意志的聯邦國之間簽訂了關稅同盟，除去物流的屏障，離經濟上的統一又更近了一步。

十九世紀後半，除了經濟上的統一，政治方面也有了進展。普魯士宰相俾斯麥（一八六二年至一八九〇年在位）就是推動這個改變的功臣。俾斯麥將德意志變成帝國，並且以德意志皇帝的名號為基礎，企圖將小王國和小邦國加以統一。對於拒絕統一（實際上的合併）的邦國勢力以武力（鐵與血）對抗，實行鐵血政策。

最終在一八七一年完成了德意志帝國（霍亨索倫王朝），普魯士國王威廉一世即位成為皇帝。

德意志的前身是九六二年鄂圖一世所建立的神聖羅馬帝國，換句話說德意志有一個前提，就是統治者必須是皇帝。神聖羅馬帝國的皇位在十五世紀以來，一直被哈布斯堡家族世襲，但是到了十九世紀，奧地利系哈布斯堡家族已經沒有力量能夠介入德意志的事務了。

舊勢力哈布斯堡家族沒有資格稱為皇帝，所

圖11-6　《奧托·馮·俾斯麥》（*Otto von Bismarck*），1884年
弗朗茨·塞拉普·倫巴赫（Franz Seraph Lenbach）繪，柏林舊國家美術館藏。
身為國會議員，他認為必須用軍事力完成德國的統一。普魯士軍隊推薦俾斯麥議員擔任宰相。議會畏懼軍勢力會愈加強大因此心生警戒，但是俾斯麥有著堅忍不放棄的交涉技能，最終獲得議會的信賴。

以普魯士國王就成了新的皇帝。

德意志出現君主立憲，建立在容克的利益之上

成為資產階級的容克（大地主），成為推動德意志統一的新力量。順帶一提，俾斯麥也是容克出身的。

他們原本的立場比較接近保守的貴族，但他們實際身分卻又不算貴族。俾斯麥一邊維持著這些既得利益，一邊計畫建立近代的統一國家。而他想出的辦法，就是君主立憲制。

一旦德意志帝國制定憲法、確立君主立憲制之後，容克們就會成為議會的議員，而俾斯麥這樣的宰相就能以容克的立場代言。

形成富裕階級的容克們，最恐懼的就是共和制。

隨著德意志工業化的進展，勞動階級的民眾開始發起勞工運動和社會主義運動，俾斯麥在一八七八年制定了社會主義鎮壓法，徹底打壓勞工。但另一方面，他又實施疾病、意外災害等社會保險制度，攏絡勞動階級，被稱為「軟硬兼施的政策」。

容克領導階層除了敵視下層民眾之外，也把天主教神職人員、貴族等保守階層，

視為會威脅自己地位的存在。俾斯麥甚至還加強打壓神職人員和貴族，被人稱為「文化鬥爭」。

德意志的帝王政治就如此建立在容克的權益之上，為了保護自身權益，不但排除右派（貴族）、左派（下層民眾），且同時站在絕妙的位置上，進行君主立憲制。

為了統一義大利，薩伏依國王放棄祖產

義大利和德意志相同，到了十九世紀的後半便開始有了統一的跡象。義大利西北部的薩丁尼亞王國在地理位置上鄰接法國，直接受到法國近代化與工業化的影響，這裡比義大利其他地區更早發展工業，因此就成了推動義大利統一的領導者。

義大利薩丁尼亞王國的首相加富爾（一八五二年至一八六一年在位）位居與普魯士宰相俾斯麥一樣的立場。當時義大利北部，包含薩丁尼亞王國在內，都在奧地利（哈布斯堡家族）的統治之下。所以薩丁尼亞若要統一義大利，就必須排除奧地利的勢力。

加富爾首先去接近法國，並和拿破崙三世締結了《普隆比耶爾密約》，協定薩丁尼亞與對奧地利的戰爭若是獲勝，**會割讓法國與義大利邊境的薩伏依和尼斯**，因此在薩奧戰爭中獲得了拿破崙三世的支援。

圖11-7　統一前的義大利

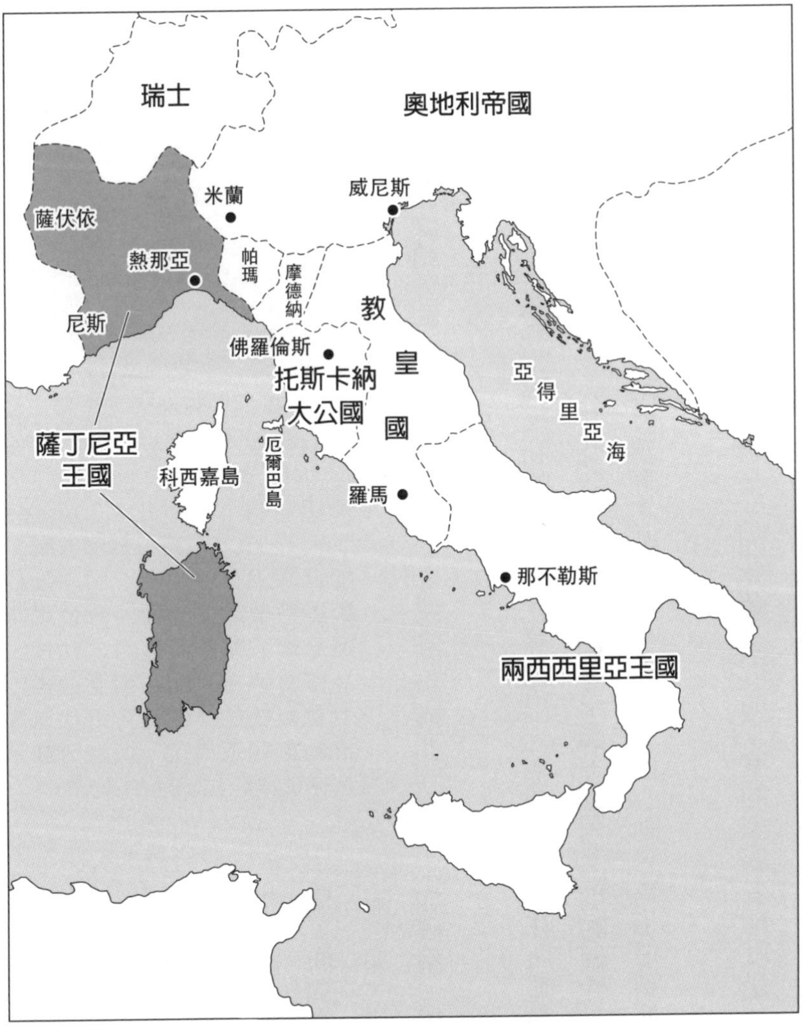

圖11-8　《卡米洛・奔索・加富爾伯爵》（*Camillo Benso Conte Cavour*），1864年
范切斯科・哈耶茲（Francesco Hayez）繪，布雷拉畫廊收藏。
加富爾出身地主，一面經營紅酒製造等農業，一面投資金融業和鐵道建設業等，獲得成功後，成為國會議員，開始嶄露頭角，登上首相之位。他培育近代產業，推動軍隊近代化，並進行政治、官僚機構等結構性的改革。

這個密約內容一旦洩漏，薩伏依、尼斯的人民將陷入恐慌，薩丁尼亞王國便會面臨瓦解的危機，而加富爾也會沒命。畢竟把自己國家的一部分割讓給外國，會被罵賣國賊，並受到叛國罪的審判。加富爾一肩扛起了這些風險，和拿破崙三世簽訂了密約。

加富爾認為，為了完成統一義大利的大業，就算做出一些犧牲也是在所難免。這是加富爾身為政治家捨身的決斷。除此之外，加富爾相當了解拿破崙三世的個性，他知道割讓薩伏依、尼斯的領土，一定會讓野心勃勃的拿破崙三世心動，為了得到他的協助，因此做出了這樣的算計。

薩伏依本來就是薩丁尼亞王國的領土，因此薩丁尼亞王室的家族名稱就是薩伏依家族（House of Savoy）。**國王伊曼紐二世為了統一義大利，決定要放棄從父執輩繼承**

下來的土地。

在一八五九年的義大利統一戰爭中，薩丁尼亞得到法國的援助而打敗奧地利，薩丁尼亞進軍到義大利中部，並合併中部各邦。這時候在南部，率有義勇軍的愛國主義者加里波底占領了西西里島與那不勒斯王國，並將所征服之地全部獻給伊曼紐二世。

併吞這些南部地區之後，一八六一年義大利王國（薩伏依王朝）正式成立，伊曼紐二世即位成為義大利國王。義大利王國也實行立憲君主制，和德意志一樣，地主和資產階級等富裕階層成為王國的中堅力量。

很可惜的是，在義大利王國成立的三個月後，加富爾便因瘧疾而逝世了。

最後的霍亨索倫王朝與薩伏依王朝

德意志帝國（霍亨索倫王朝）與義大利王國（薩伏依王朝）是十九世紀後半建立的新興國家。因此在取得海外殖民地的競爭上，比英國和法國慢了一步。在這場激烈的競爭當中，德意志和義大利都與英國產生了重大的嫌隙。

尤其是德意志帝國第三代皇帝威廉二世打著「世界政策」的旗幟，露骨的顯示出德意志的擴張主義，引起英國的強烈反感，引發了第一次世界大戰。

但是德意志吃了敗仗，在一九一八年，由共產主義者發起德國革命，打倒帝政，威廉二世逃亡到荷蘭。因此德意志帝國只持續到威廉二世，總共三代、四十七年的時間。

德意志後來變成威瑪共和國，接著又迎接了納粹的時代（納粹德國）。納粹將神聖羅馬帝國視為第一帝國，德意志帝國視為第二帝國，自稱「第三帝國」。

圖11-9 在參謀本部進行軍事議論的威廉二世（中央）、興登堡陸軍司令官（左）、魯登道夫參謀長（右），攝於1917年。

另一方面，義大利在第一次世界大戰的初期支持德國，但見形勢不利，又倒向英國那一方。因此義大利王國在其後還得以生存。

義大利王國的第三代國王伊曼紐三世從一九〇〇年即位到一九四六年，總共在位了四十六年。伊曼紐三世在當時擁有相對較偏自由主義的想法，願意和議會相互協調，但是到了第一次世界大戰後，各地勞工引發暴動和罷工，讓他不悅，逐漸興起反動心。

在這樣的狀況之下，軍人和貴族所

形成的國粹主義政黨法西斯黨開始抬頭。伊曼紐三世對法西斯黨領袖墨索里尼的理念深有同感，在一九二二年，墨索里尼發起政變，伊曼紐三世給予了全面性的支持。於是法西斯黨建立起獨裁政權。

第二次世界大戰義大利敗北，伊曼紐三世逃亡到義大利南部的布林迪西。此舉招來了義大利人民的憤怒。戰後，義大利舉辦全民投票，以此來決定君主制存亡，超過半數支持廢止君主制，義大利王國因此閉幕。薩伏依王朝流亡埃及，義大利成為共和國，直到今天。

儘管是由俾斯麥和加富爾等英雄豪傑建立起的帝國和王國，最終還是無法長久持續下去。

第五章

為什麼願意讓「外國人」當國王？

12 挪威繼承丹麥，丹麥起源德意志，瑞典王室血統最不純正

在世界各地的王室之中，瑞典王室最缺乏正統血統，是為伯納多特王朝（Ätten Bernadotte），也被譯為貝爾納多特。

伯納多特（Jean-Baptiste Bernadotte）是法國人，為拿破崙的愛將、法軍元帥。伯納多特相當有野心、不守道義，為了保住自己的地位，最終背叛拿破崙。這位伯納多特就是今天瑞典王室的始祖。

瑞典人究竟為什麼會不顧一切的推崇這樣的人成為瑞典國王呢？

伯納多特的父親是位律師。伯納多特在學習了法律後，於一七八〇年加入法國王家海軍。一七八九年法國大革命後，許多軍人都對法國王家海軍感到失望而離去，最後加入革命軍，但伯納多特卻留在王家軍團內，在一片人才短缺的狀況之中，他被任命為將軍。

但是一七九三年路易十六被處死，波旁王朝解體，他只能投降並加入革命軍。

儘管先前和拿破崙敵對，在拿破崙即位成為皇帝後，伯納多特反而追隨拿破崙，還被任命為元帥，並在拿破崙戰爭中，表現相當活躍。即使如此，他和拿破崙之間的關係一直不好，總是相互猜忌。

瑞典人懼怕拿破崙的勢力，因此計畫和拿破崙合作。一八一〇年，瑞典議會提名伯納多特為瑞典王位繼承人（老王卡爾十三世育有兩子但早夭）。瑞典議會之所以不選拿破崙身邊的親近人士，刻意指名伯納多特，正是認為他並不會死心踏地的追隨拿破崙，因此比較容易操控，同時眾人也對他的軍人身分與能力寄予厚望。

圖12-1　《讓-巴蒂斯特．伯納多特》（*Jean-Baptiste Bernadotte*），1810年弗雷德里克．威斯汀（Fredric Westin）繪製，藏於瑞典國立美術館。
伯納多特王朝的始祖。在老卡爾十三世的時代成為義子、攝政王太子，1818年卡爾十三世死去後，以卡爾十四世．約翰的身分即位成為瑞典挪威聯合王國的國王。

當時，瑞典受到俄羅斯的進攻，芬蘭的領土被俄羅斯奪走。為了與俄羅斯對抗，他們認為伯納多特是最佳人選（芬蘭後來在一九一七年趁著俄羅斯革命的一片混亂，以共和國的形式宣布獨立）。

伯納多特與繆拉都背叛拿破崙，結局卻不同

但是伯納多特並沒有足以成為瑞典國王的正統血緣。儘管如此，瑞典議會仍因為政治上的因素與不純的動機，讓他登上王位。這可以說是瑞典領導階層為了維護自身利益的結果。

繆拉（Joachim Murat）是拿破崙軍隊的指揮官，他後來也成為了那不勒斯王國的國王，境遇和伯納多特有些類似。繆拉輾轉歷經士官、雜貨商人等各種職業，最後加入了拿破崙的軍隊，跟隨拿破崙遠征義大利和埃及。他很有軍事才能，受到拿破崙的重用，很快就獲得了晉升。他與拿破崙的妹妹卡羅琳・波拿巴（Caroline Bonaparte）結婚後，在一八〇八年被封為義大利那不勒斯的國王，名號喬阿基諾一世。

伯納多特和繆拉在拿破崙於一八一二年遠征俄羅斯失敗後，便迅速背叛拿破崙，為了守護自己的王國，反而與過去的敵國英國聯手。當時拿破崙的身邊全都是這種人。

伯納多特非常精明，在維也納會議上和各國順利的進行協商，最後他瑞典國王的身分獲得各國承認，但優柔寡斷的繆拉卻被剝奪那不勒斯國王的身分，因此他又回到拿

破崙身邊。在奧地利之戰大敗後，他逃亡回到法國，卻很快的被俘獲，最終遭到處刑。

瑞典挪威曾是一國，共主邦聯

伯納多特一方面與英國協商，事先讓英國、俄羅斯同意「瑞典在與法國拿破崙軍隊的戰役中，可以併吞當時屬於法國同盟國丹麥領地的挪威領土」。

伯納多特在一八一四年的萊比錫戰役中，戰勝拿破崙軍隊，壓制丹麥，取得了挪威的土地。於是瑞典和挪威成為共主邦聯，斯堪地那維亞半島因此統一（挪威日後在一

圖12-2　《若阿尚·繆拉，喬阿基諾一世》（*Gioacchino I*），1812年弗朗索瓦·熱拉爾繪，個人收藏。從流浪者開始建立功績，最後登上那不勒斯王國的王位。拿破崙曾如此評價他：「他**在戰場上雖然很英勇，但在會議席間卻沒有判斷力與決斷力**，是個成不了大事的男人。這種感性的個性與他的英勇，實在是太不搭調了。」

九〇五年獨立）。伯納多特致力於推行中立政策，不再干預歐洲大陸內的紛擾，並推動近代化，建立了王朝發展的基礎。

我們先稍微看一下瑞典在伯納多特王朝之前的歷史。

諾曼人與維京人是瑞典人的始祖，在中世紀期間，他們與同族的丹麥、挪威組成了共主邦聯——卡爾馬同盟。一五二三年，瑞典脫離同盟，由瑞典貴族創立了獨立的王國，是為瓦薩王朝。在三十年戰爭中相當活躍、被稱為「北方雄獅」的古斯塔夫二世．阿道夫，就是瓦薩王朝時代的國王。

到了十七世紀後半，德意志出身的貴族因為婚姻關係而繼承王朝，接著十九世紀就是以伯納多特（卡爾十四世．約翰）為始祖的伯納多特王朝。目前的瑞典國王卡爾十六世．古斯塔夫，是從伯納多特算起的第七代國王（見圖12-3）。

瑞典將出現史上第一位女王

卡爾十六世．古斯塔夫國王曾在烏普薩拉大學和斯德哥爾摩大學攻讀歷史學、社會學、政治學、稅法學等，是學識豐富的人，但他卻同時患有閱讀障礙（dyslexia）。閱讀障礙的人無法閱讀和寫字，甚至寫不出自己的名字。希爾維亞王后曾在一九九七年

圖 12-3　瑞典歷代國王（伯納多特王朝）

國王	在位期間
卡爾十四世・約翰（伯納多特）	1818 年～ 1844 年
奧斯卡一世	1844 年～ 1859 年
卡爾十五世	1859 年～ 1872 年
奧斯卡二世	1872 年～ 1907 年
古斯塔夫五世	1907 年～ 1950 年
古斯塔夫六世・阿道夫	1950 年～ 1973 年
卡爾十六世・古斯塔夫	1973 年～

接受電視節目的採訪時，承認國王有閱讀障礙，也提到公主和王子也有輕度的閱讀障礙。

二〇一〇年，媒體報導了卡爾十六世外遇且出入風月場所的緋聞，但國王卻用黑道勢力試圖掩蓋這些報導，此舉反而將事件越鬧越大。當時輿論當中也出現不少希望他退位的聲音。

一九七九年，瑞典修改憲法，國王喪失了所有的政治權力，成為虛位元首。接著瑞典又在一九八〇年修改王位繼承法，一改過去只能由男性繼承的制度，讓於一九七七年出生的維多莉亞公主成為下屆繼承人。瑞典的國民相當期待史上第一位女王的登基。

丹麥女王瑪格麗特二世——最美女王

丹麥現任女王瑪格麗特二世獲得了人民廣

大的支持。她身高一百八十公分，從年輕時期就被評讚為歐洲最美麗的王族。她精通多國語言，會說英語、法語、瑞典語、德語，又會設計華麗的服飾，並以知性有品味的方式穿搭服飾，舉手投足間充滿氣質，受到了全世界的矚目。可惜的是，因為她是老菸槍，所以有一口黃板牙，這可說是美中不足的缺點。

每到跨年夜，瑪格麗特二世就會發表電視演說，許多人民都把收看跨年演說視為年底的例行公事。

丹麥的王位繼承原本是男性優先，但因為一九五三年修改了憲法與王位繼承法，在缺乏長男繼承人的狀況下，女性也有繼承權。因此瑪格麗特就成了王儲。一九七二年，隨著丹麥國王去世，她就成為丹麥的首位女王。

瑪格麗特二世曾於哥本哈根大學修習哲學、劍橋大學修習歷史學、牛津大學修習政治學、巴黎大學進修法律學。

一九六七年，她與出身法國伯爵家族的外交官亨里克親王結婚，生下弗雷德里克王儲和約阿基姆王子兩個兒子。

圖12-4　北歐與其周邊國家

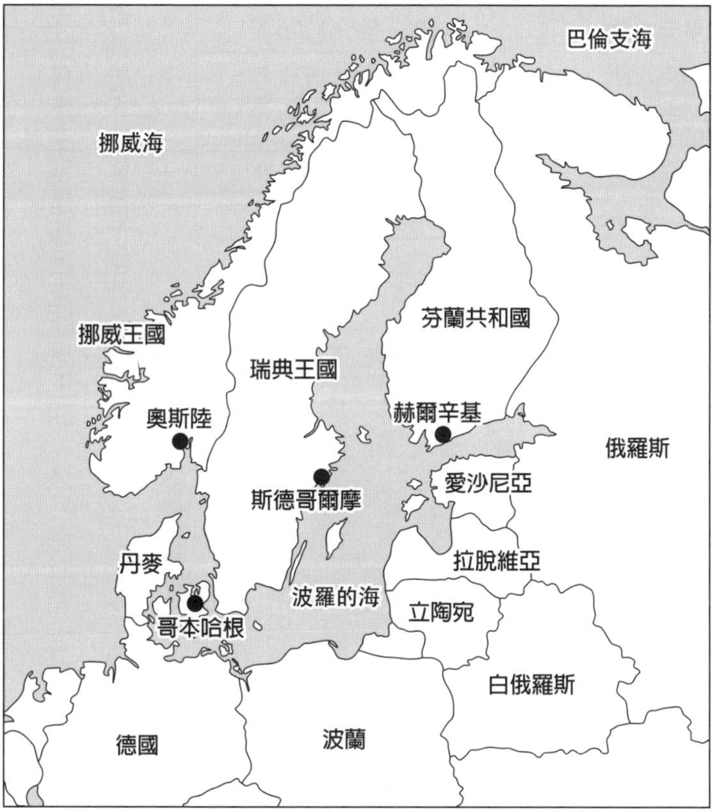

丹麥王朝起源於德意志

今天的丹麥王室是格呂克斯堡王朝。格呂克斯堡（Glücksburg）是一個**位於德意志**北部什勒斯維希—霍爾斯坦州裡的郡，格呂克斯堡家族是以此為領地的德意志貴族。格呂克斯堡家族由於和丹麥王室有婚姻關係，在十九世紀由格呂克斯堡家族的克里斯蒂安九世繼承丹麥王位。

克里斯蒂安九世成為丹麥國王不久，就受到了普魯士（俾斯麥時代）的攻擊，最後，格呂克斯堡家族將什勒斯維希—霍爾斯坦州的領地割讓給普魯士。

現在的瑪格麗特二世，是從克莉斯蒂安九世算起的第五代國王（見圖12-5）。

先簡單的看看在格呂克斯堡之前的丹麥王朝吧。

丹麥人起源於諾曼人中的一支「丹麥日耳曼人」（Dane）。丹麥日耳曼人的領袖在十世紀創立王國，並在十一世紀正式發展成丹麥第一個統一的王國埃斯特里德森（Estridson）王朝。

圖 12-5 丹麥歷代國王（王朝）

國王	在位期間
克里斯蒂安九世	1863 年～ 1906 年
弗雷德里克八世	1906 年～ 1912 年
克里斯蒂安十世	1912 年～ 1947 年
弗雷德里克九世	1947 年～ 1972 年
瑪格麗特二世	1972 年～

丹麥掌控挪威與瑞典，在一三九七年，北歐三國組成了共主邦聯「卡爾馬同盟」，在這個同盟中，知名的女王瑪格麗特一世同時君臨三個國家。這位瑪格麗特一世是埃斯特里德森王朝末期的王族。她雖被視為實質上的女王，但丹麥卻不承認女性繼承王位，因此在法律上她只是攝政。

其後德意志貴族憑著婚姻關係代代世襲丹麥王位，繼承格呂克斯堡王朝，一直到了今天。

順帶一提，格呂克斯堡家族透過婚姻關係上的繼承，在一八三六年到一九七三年的一百多年之間，也繼承了希臘王國的王位。

繼承丹麥血統的挪威王室

一五二三年，瑞典脫離卡爾馬同盟，從丹麥獨立（瓦薩王朝）。另一方面，挪威卻持續在丹麥的掌控之中。一八一四年，伯納多特趁著拿破崙戰爭的一片混亂，從丹麥手中將挪威奪走。到了一九〇五年，挪威才終於解除了與瑞典的共主邦聯，正式獨立。

一八九〇年代，挪威人愛國主義高漲，因此與瑞典產生相當激烈的對立。挪威國內舉辦公投，支持獨立的民眾占壓倒性的多數。當時軍事衝突的危機不斷升高，幾乎一觸即發，當時瑞典國王奧斯卡二世只好在一九〇五年承認挪威的脫離與獨立。

奧斯卡二世是想法相當先進的國王，也對自由主義有所理解。此外，奧斯卡二世在一九〇一年支持諾貝爾設立諾貝爾獎，甚至將頒獎儀式提升到瑞典王室儀式的高度。如果奧斯卡二世不是當時的瑞典國王，挪威的脫離與獨立很有可能不被承認，因而引發戰爭。

瑞典的伯納多特家族放棄了挪威的王室繼承權，因此丹麥國王克里斯蒂安九世的孫子卡爾就成了挪威的新國王，名號哈康七世。換句話說，**挪威的王室是格呂克斯堡王朝，和丹麥王室是同一個血統**。挪威格呂克斯堡王朝現在的國王，是第三代的哈拉德五世（見圖12-6）。

哈拉德五世曾就讀於挪威陸軍官校和牛津大學，也曾以帆船選手的身分參加一九六四年的東京大會，更三度參加奧林匹克大賽。一九六八年，他與庶民宋雅·哈拉爾森結婚。在此之前，挪威王室不曾接受平民進入王室，這時候他們所參考的，就是接受平民成為美智子皇后的日本皇室。國王與宋雅王后生下了瑪塔·路易斯公主和哈康王子。挪威的王位繼承以男性優先，因此哈康王子是王儲。

二〇一六年，歐洲的移民問題逐漸嚴重化，右翼執政黨對於接受移民和難民的申請更為嚴格，這些措施獲得了人民的支持。但是在這樣的政局之下，哈拉德五世卻在演

圖 12-6 挪威歷代國王（格呂克斯堡王朝）

國王	在位期間
哈康七世	1903 年～ 1957 年
奧拉夫五世	1957 年～ 1991 年
哈拉德五世	1991 年～

講中這麼說：「我的祖父母在一百一十年前，也是從丹麥與英國來的移民。能稱之為故鄉的地方就在我們的心裡，而不是由國境來界定。」國王的這席演說，受到了海內外廣大的讚賞。

13 俄羅斯領土夠大了，為什麼老要併吞別國？

「俄羅斯沒有朋友。只有兩個同盟，一是俄羅斯陸軍，一是俄羅斯海軍。」這是出自十九世紀末的俄羅斯皇帝亞歷山大三世的名言。

普丁總統非常讚賞亞歷山大三世，甚至在克里姆林建立了皇帝的銅像，把這句話刻在銅像上。

在俄羅斯皇帝當中，亞歷山大三世絕不算有名。雖然亞歷山大三世的父親亞歷山大二世因頒布農奴解放令而知名，不過亞歷山大三世在日本教科書或概論書中，卻幾乎沒有被提及。

但是俄羅斯保守派人士，尤其是總統普丁更抱有「回復俄羅斯昔日榮光」信念，亞歷山大三世對他們而言是有如聖人般的存在。

亞歷山大三世相當尊敬祖父尼古拉一世。尼古拉一世**將突出於黑海上的克里米亞半島立為要塞，並以此為據點，讓俄羅斯海軍在黑海上活動**。因此俄羅斯從黑海到巴爾

圖13-1　俄羅斯帝國的南下政策

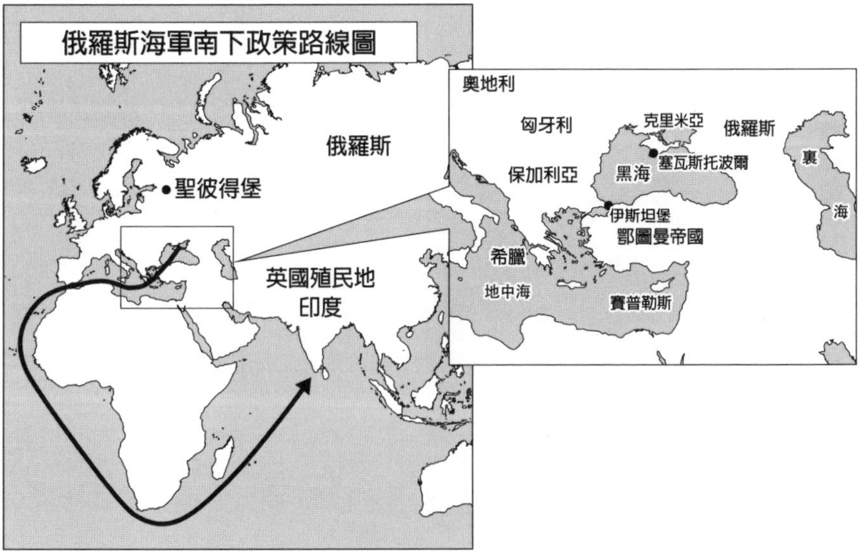

幹半島，都發揮了極大的影響力。尼古拉一世計畫的世界戰略（南下政策）就是從黑海到地中海，接著再從大西洋到印度擴展勢力範圍（見圖13-1）。

英國對此極力反對，由於英國把印度設為殖民地，如果俄羅斯海軍進入這片海域，對英國來說將是不可忽視的極大威脅。因此英、法等國為了一起封鎖俄羅斯，就對克里米亞發動了攻擊，引爆克里米亞戰爭（一八五三年至一八五六年）。俄羅斯在這場戰爭中戰敗，尼古拉一世因暴怒而發狂，最後竟憤然而死（表面上公布的理由是他得到流行性感冒而身亡）。

尼古拉一世的兒子亞歷山大二世繼承皇位，結束了克里米亞戰爭。亞歷山大二世是和平主義者，並且抱持著自由主義的想法。兒子亞歷山大三世看不慣父親自由派的態度，父子倆人經常起衝突。

現代版俄皇——普丁的野心

圖13-2　《亞歷山大三世》（*Alexander III*），1886年
伊凡·克拉姆斯柯依（Ivan Kramskoi）繪，個人收藏。
作為君主，儘管態度強硬又保守反動，但亞歷山大三世生活簡約樸素，經常隨手關掉房間裡的燈。他也沒有娶妾，是位愛妻人士。最後在克里米亞靜養時過世。

尼古拉一世激憤而死，心願未了，所以亞歷山大三世一心想要替祖父報仇。亞歷山大三世的個性原本相當穩重而謹慎，但內心卻藏著保守反動的強烈野心。由於這樣的想法，讓他從皇太子時代就自願從軍參與俄羅斯與土耳其的戰爭；俄羅斯攻進鄂圖曼帝國，長驅直入伊斯坦堡，在一八七八年，土耳其降伏。

亞歷山大三世認為俄羅斯帝國的首要政務是增強軍事力，為了達成這個目的，就必須恢復祖父尼古拉一世在當時施行的專制政治。於是當他在一八八一年即位後，否定了父親亞歷山大二世的自由派路線，政治方針以保守且反動的模式，並以擴張主義為基礎，進行南下政策，前進中亞。

普丁總統或許是將自己投射到了亞歷山大三世的身上。俄羅斯在二〇一四年併吞了克里米亞半島。克里米亞原本就是舊蘇聯的一部分，但在蘇聯解體後，普丁總統就在此駐軍，並實施公投，將克里米亞劃入俄羅斯的國土內。

接著他又在克里米亞建造了亞歷山大三世的銅像，刻上「俄羅斯沒有朋友」一句。普丁總統的野心簡直路人皆知。克里米亞在尼古拉一世治理的時代開始，就是俄羅斯帝國在世界戰略上的據點，對俄羅斯霸權來說，克里米亞是不可或缺的重要存在。

在歷史上，俄羅斯一直無法實行民主主義，是因為長期都是由皇帝進行專制統治，且持續到了今天。俄羅斯為了恢復昔日的榮耀，重新回到了帝國制度。他們甚至認為，重新奪回過去帝國所形成的版圖，是他們的歷史使命，同時也是自己的權利。

普丁總統在二〇一八年三月的總統選舉中獲得壓倒性勝利，當選連任。他完全抹煞政敵，確立了獨裁政治。普丁總統正可說是現代版的俄羅斯皇帝。

伊凡三世本是邊境大公，靠結婚成為羅馬帝國繼承人

亞歷山大三世的兒子是尼古拉二世，也是俄羅斯持續三百年的皇室羅曼諾夫王朝最後一位皇帝，他在俄羅斯革命時被處以死刑。

回溯羅曼諾夫家的歷史，可以追朔到九世紀波羅的海沿岸，諾斯人中的羅斯人所建立的諾夫哥羅德公國（見第四節）。之後基輔大公國（十二世紀至十五世紀）繼承了諾夫哥羅德公國的系譜，接著是莫斯科大公國、羅曼諾夫王朝。

一四五三年，拜占庭帝國（東羅馬帝國）被鄂圖曼帝國所滅，拜占庭帝位呈現空巢狀態。一四七二年，莫斯科大公伊凡三世迎娶了拜占庭末代皇帝的姪女索菲婭．帕列奧羅格（Sophia Palaiologina）為妻。他想要藉由與拜占庭皇家締結血緣關係，順理成章的成為羅馬帝國的繼承人。

一四八〇年，伊凡三世自稱皇帝（Czar），並稱莫斯科大公國是繼羅馬、君士坦丁堡之後的「第三羅馬」。

說穿了，伊凡三世原是擁有邊境領地的莫斯科鄉村貴族，其勢力能夠擴大，主要

還是因為與蒙古人對抗時，獲得勝利。十三世紀，俄羅斯地區受到蒙古人的入侵，因此降伏於欽察汗國。伊凡三世為了擺脫蒙古人兩百多年來的掌控，因此發起抵抗。

首先，他拒絕對蒙古人進貢。蒙古的大汗派出敕使前去詢問伊凡三世此舉的真義，伊凡三世便當著敕使的面，將送來的進貢要求令撕破。此舉讓俄羅斯人下定決心對蒙古發動反抗，再加上當時蒙古勢力由盛轉衰，於是他成功將蒙古勢力逐出中亞。

民族多，皇帝專制主義就有必要

伊凡三世的孫子伊凡四世在十六世紀相當活躍，他毫不留情的打壓大貴族，且進行恐怖的獨裁政治，因此又被稱為「伊凡雷帝」或「恐怖伊凡」，為人所畏懼。伊凡四世在所到之處都安排密探，只要稍微有人出現反叛自己的跡象，他就會用強硬的手段陷害貴族、並施以極刑，同時沒收土地，劃入皇帝的直轄控管。這個時候，原本只是鄉村的莫斯科，已經逐漸發展成俄羅斯數一數二的大城市了。

伊凡四世利用從貴族手中奪來的財力，組織了稱為特轄軍（Oprichniki）的大規模親衛隊，特轄軍是皇帝的走狗。一五七〇年，大諾夫哥羅德（諾夫哥羅德的首府）發生叛亂，伊凡四世就命令特轄軍進行軍事鎮壓，超過三萬人在這場鎮壓中遭到處刑。

此外，伊凡四世也驅逐了俄羅斯中南部的蒙古勢力（包含喀山汗國、阿斯特拉罕汗國），建立了俄羅斯領土發展上的基礎（見圖13-3）。伊凡四世另外將莫斯科大公國立為俄羅斯沙皇國（實際上就是俄羅斯帝國）。

在伊凡四世的時代裡，俄羅斯確立了沙皇主義（皇帝專制主義）。對俄羅斯而言，沙皇主義是無可避免的宿命。俄羅斯是聚集了斯拉夫人、亞洲人、諾斯人等多民族的國家。自近代之後，隨著俄羅斯領土的擴大，民族的多樣性也逐漸增加。

此外，他們也形成民族社會。不像西方商業國家能遵守法律與社會的規範，他們處事的基準通常都以力量強弱來決定。也因此，大小部族勢力會彼此競爭，俄羅斯領土內經常處於複雜混亂的狀態，身為統治者，俄羅斯皇帝就必須握有絕對性的權力。

儘管是像伊凡四世這樣慘無人道的皇帝，也必須具備優秀的領導能力與統率的個人魅力。至少皇帝不能露出軟弱的一面，否則部族勢力增強，甚至超越皇帝，便可能導致國土分裂、引發戰亂。所以為了和平，皇帝就得強悍。

在這種社會環境下產生了俄羅斯獨特的沙皇主義，而這一點，也傳承到了今天俄羅斯政治。

圖13-3　俄羅斯沙皇國的領土擴張

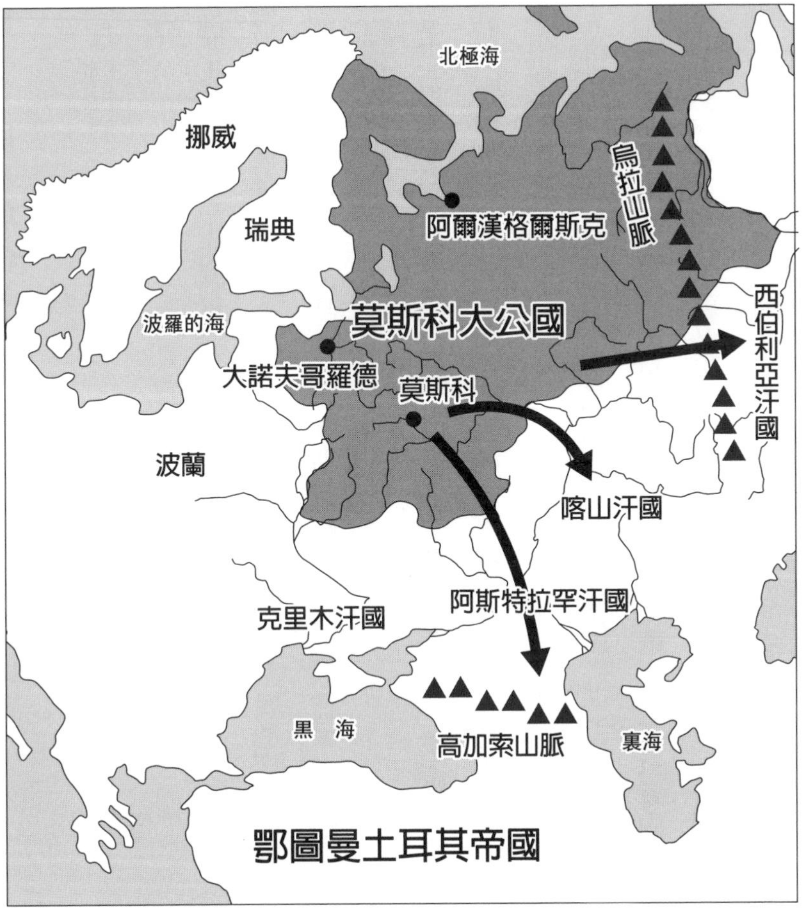

強化軍事、與貴族往來，羅曼諾夫王朝進步顯著

伊凡四世於一五八四年死亡，在這之後動亂頻發，相繼出現許多人篡奪帝位或自立稱帝者。

經歷了大約三十年的動亂期，到了一六一三年，羅曼諾夫家族的米哈伊爾・羅曼諾夫被選為新的皇帝，創立了羅曼諾夫王朝。羅曼諾夫家族是諾夫哥羅德公國的後代貴族。他們經常與經商相當成功的大富豪斯特羅加諾夫家族往來，受到這個家族的支援，坐上了皇帝的寶座。

順帶一提，俄羅斯的料理燉牛肉（beef stroganoff），來源就是斯特羅加諾夫家族，當時斯特羅加諾夫的大家長年事已高，牙齒不好，廚師為了他把牛肉煮的軟爛，據說就是這道菜的由來。

十八世紀，在羅曼諾夫王朝時期相當活躍的彼得一世，積極推動國家的西歐化與近代化，讓國家有了大進步。從莫斯科大公國以來，俄羅斯就只有內陸，而沒有對外的出海口。要成為近代國家，就必須掌握海上的貿易圈。彼得一世企圖進入波羅的海，但是當時瑞典早已握有波羅的海的霸權。因此俄羅斯發起與瑞典的對戰，這場戰爭被稱為北方戰爭。

在這場戰爭之前，彼得一世就致力於行政機構與軍事機構的近代化，也進行中央集權化。當時還是小國的俄羅斯必須鞏固周邊的地區，以確立自己國家的掌控範圍。彼得一世還壓制不聽從俄羅斯中央政府的地方農村地主。這些地主是被稱為「哥薩克」的封建武裝勢力，自古以來就經營著自給自足的部落生活，一直拒絕俄羅斯帝國的掌控。

彼得一世鎮壓了位處俄羅斯南方窩瓦河流域的哥薩克，這裡的哥薩克從他的父親時代就持續叛亂，彼得一世平定此地後，便鞏固這裡的統治。另外，他也鎮壓烏克蘭哥薩克的叛亂，征服了烏克蘭。

彼得一世將這些周邊區域降伏的哥薩克，收編進俄羅斯的軍隊裡，並在北方戰爭時提供一個讓他們得以發揮能力的機會（按：哥薩克以驍勇善戰和精湛的騎術著稱，是沙俄的重要武力，俄羅斯能順利擴張西伯利亞，歸功於哥薩克）。**北方戰爭**俄羅斯之所以能戰勝瑞典，也是因為能收伏這些散布在俄羅斯的哥薩克，並讓他們聚集在俄羅斯帝國之下。一七二一年，**獲得勝利的俄羅斯終於得以進入波羅的海**，並在波羅的海沿岸建立了新的首都聖彼得堡。

雖然在十八世紀前半，彼得一世致力於擴張波羅的海北邊領土，但是到了十八世紀後半，女皇葉卡捷琳娜二世卻開始掠奪從黑海南邊的鄂圖曼土耳其帝國，到克里米亞半島的土地。俄羅斯獲得了克里米亞半島後，就掌握了黑海的控制權。在此之後，一直到蘇聯解體、克里米亞半島成為烏克蘭領土之前，此地都在俄羅斯的掌控之下。

俄國最有名女皇葉卡捷琳娜二世是德國人

自此，俄羅斯領土形成了可以連接北邊波羅的海與南邊黑海的運輸動脈，貿易活動因此變得活絡，經濟開始進展，國力也急速的增強。

一七七三年，葉卡捷琳娜二世鎮壓了哈薩克地方的哥薩克領袖普加喬夫所發起的叛亂，將俄羅斯南邊到中央亞洲北邊的土地納入俄羅斯領土。

雖然女皇葉卡捷琳娜二世可說是俄羅斯最有名的皇帝，但她其實是德國人，身上根本沒有流著任何一滴俄羅斯的血液。為什麼她成為了俄羅斯的皇帝呢？

葉卡捷琳娜二世是安哈特—采爾布斯特—多恩堡的德國貴族出身，這個家族以德意志北部的波美拉尼亞（現為波蘭領土）為領地。**葉卡捷琳娜二世在十五歲時和俄國皇太子彼得結了婚**，她為了獲得俄羅斯人的支持，拚命的學習俄語，據說還曾經因為太努力而病倒。

皇太子彼得曾經到德意志留學，他相當崇拜普魯士國王腓特烈二世。但因俄羅斯和普魯士處於敵對狀態，俄羅斯的貴族對彼得都相當反感。

彼得有智能障礙，除此之外也有性功能障礙。因此葉卡捷琳娜二世與為數眾多的俄羅斯貴族都有情人關係，比方說傳聞沸沸揚揚的禁衛軍長官謝爾蓋・薩爾特科夫。為了要傳宗接代，就連伊莉莎白・彼得羅芙娜女皇（葉卡捷琳娜二世丈夫的姨母）等周遭的人都默認她的行為。

葉卡捷琳娜二世的兒子是保羅一世，表面上說他是女皇與配偶彼得之間的孩子，然而傳聞都說他其實是情夫謝爾蓋・薩爾特科夫的兒子。就算假設為真，薩爾特科夫也是羅曼諾夫王朝的始祖米哈伊爾・費奧多羅維奇・羅曼諾夫的妹妹的後代，不論如何，保羅一世都流著羅曼諾夫家族的血脈（羅曼諾夫王朝家系譜見下頁圖13-4）。

皇后對皇帝發動政變

一七六一年末，隨著伊莉莎白・彼得羅芙娜女皇駕崩，彼得便以彼得三世的名號即位，葉卡捷琳娜二世成為皇后，當年她三十二歲。

這個時候，俄羅斯正在對普魯士發動攻擊，追擊腓特烈二世（七年戰爭）。但彼得三世上位之後，為了拯救他非常崇拜的腓特烈二世，就擅自與普魯士簽訂和平協議，這個舉動也激怒了俄羅斯的貴族。信仰德意志派基督新教的彼得三世被俄羅斯正教（東

圖13-4 羅曼諾夫王朝家系圖

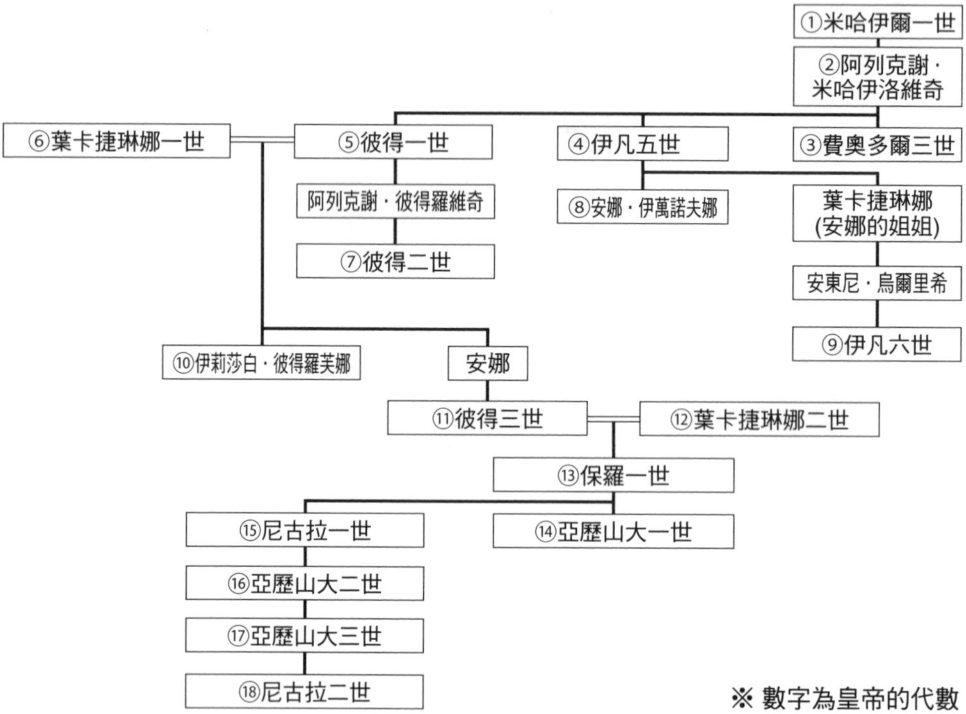

正教）與俄羅斯貴族彈劾，彼此的立場開始徹底對立。

接著，俄羅斯貴族對彼得三世發動政變，廢黜帝位，由葉卡捷琳娜二世即位成為新沙皇。葉卡捷琳娜親自指揮，讓這場政變在沒有濺血的狀況下順利完成。彼得三世被廢位之後遭到了暗殺。

對於丈夫的死亡，葉卡捷琳娜對外都宣稱是因為「長年累積的痔瘡惡化，導致他突然過世」，可見她多麼嫌惡自己的丈夫，至死都瞧不起他。

葉卡捷琳娜二世並不是羅曼諾夫家族的後代，因此也有人反對她即位，儘管如此，她還是獨排眾議，在一七六二年坐上皇位。

在葉卡捷琳娜二世之前，還有一個女沙皇葉卡捷琳娜一世。她是農夫的女兒，彼得一世對她情有獨鍾，將她立為皇后。一七五二年彼得一世逝世後，皇后就擔起了貴族與軍隊的重擔，發起政變，因此葉卡捷琳娜一世是俄羅斯史上的第一位女皇帝。

由於有葉卡捷琳娜一世這個前例，因此眾人最後還是接受了葉卡捷琳娜二世即位成為女皇。此外，從羅馬帝國時代開始，就有著「有實力者皆能成為皇帝，與血緣無關」的傳統，因此俄羅斯並沒有執著於一定要流著皇家的血統才能成為皇帝。

寶座上的娼婦

葉卡捷琳娜二世雖然是被貴族推崇而成為皇帝，但其實她本身見識也相當豐富，也有優秀的政治能力，因此並沒有成為貴族的傀儡，反而能夠發揮她優秀的統治能力，讓俄羅斯達到了長足的發展。

支撐葉卡捷琳娜二世政治能力的其中一個原因，就是她絕倫的精力。她經常與貴族發生肉體上的關係，藉由與他們變得「親近」，來控制他們。尤其是她並非與特定的男性，而是巧妙的和許多男性維持相同的距離。她的孫子尼古拉一世就批評葉卡捷琳娜二世是「寶座上的娼婦」。不過對葉卡捷琳娜二世而言，或許這也是政治運

圖13-5　《葉卡捷琳娜二世》（*Catherine II*）
費奧多·羅科托夫繪於1780年代，埃爾米塔日博物館藏
儘管並不美貌，但渾身充滿知性與精力，散發著吸引人的魅力，幾乎沒有男人能夠拒絕她的「邀約」。

籌帷幄的方式之一吧。

葉卡捷琳娜二世之後，由兒子保羅一世繼承皇位。

在十九世紀初期亞歷山大一世的時代裡，俄羅斯擊退了拿破崙，因為勝利而獲得了波蘭的土地，也讓歐洲各國認可了俄羅斯的力量。波蘭、烏克蘭、窩瓦河流域的南俄羅斯等，肥沃的農耕地區逐漸開闢成大規模的農場，隨著品種改良、耕作技術的進步，俄羅斯更發展成凌駕於法國之上的農業大國。

到了十九世紀後半後，從尼古拉一世到亞歷山大三世的時代裡，俄羅斯持續在中東伊朗、中亞、滿州（中國東北）、極東（泛指現今的遠東或東亞地區）地區擴張領土，甚至開始統治亞洲的民族，在十九世紀末，其人口已經超過了一億人。當時英國的人口為兩千五百萬人，法國是四千萬人左右，可見俄羅斯人口眾多的驚人。

為了統治巨大的國土與眾多的人口，俄羅斯的皇帝必須握有強大的權力，俄羅斯就逐漸確立了沙皇主義。

14 這裡的人最美，這裡的國家最陰鬱：東歐、南歐

東歐、南歐的各國非常貧窮，至今仍處處林立著舊蘇聯時代所興建的粗糙建築物。雖然少部分的觀光地區興建的相當不錯，但大部分的街道仍然看起來氣氛很沉重且陰鬱。但是在這樣的地方，女性們都出落的異樣美麗，被陰鬱街道的氣氛襯托出獨特且妖豔的光彩。

東歐與南歐的女性會長得特別美麗也是有原因的。這個地區就是所謂的「人種的熔爐」，白種人（斯拉夫或日耳曼人）與亞洲人（土耳其語蒙古人）的混血兒很多，他們繼承了各個民族美麗容貌的優點。

從中世紀以來，這個地區主要有三個複合民族的王國：保加利亞帝國、匈牙利王國與雅蓋洛王朝（波蘭王國、立陶宛大公國）。

保加利亞帝國（原本是王國）成立於七世紀，雖然有短暫中斷的時期，但大約持續七百年。位於中亞西部的**土耳其系游牧民族保加利亞人**在七世紀向西移動，到達匈牙

利半島（多瑙河下游流域）。

保加利亞人的君主以游牧民族的君主「汗」自稱，到了九世紀改信基督教，建立保加利亞正教。到了九一八年，汗自稱皇帝，建立保加利亞帝國。

九世紀，保加利亞帝國達到全盛時期，甚至曾在八一三年包圍拜占庭帝國（東羅馬帝國）的首都君士坦丁堡。保加利亞人也逐漸與當地的斯拉夫人融為一體。

到了十四世紀，保加利亞帝國被鄂圖曼土耳其帝國併吞，正式滅亡。

複合民族王國因武力而強大，因缺少盈利能力而衰退

一般認為馬扎爾人（magyarok）原本是九世紀從俄羅斯的烏拉山脈以東，移居而來的**土耳其人**。馬扎爾人在十世紀時改信了基督教。一〇〇〇年，伊什特萬（聖史蒂芬一世）受到羅馬教皇的加冕，成為匈牙利國王，開啟了阿爾帕德王朝，這個王朝持續了大約三百年的時間。

匈牙利國王掌控斯洛伐克與羅馬尼亞北部土地，並逐漸與當地的斯拉夫人融合。

一三〇一年，阿爾帕德王朝終結，進入混亂時期。當地短暫受到神聖羅馬帝國的掌控，羅馬尼亞的貴族（特蘭西凡尼亞公）與波蘭雅蓋洛王朝的王族（拉約什二世等）

曾登上匈牙利的王位，但是到了一五二六年，在摩哈赤戰役中輸給鄂圖曼土耳其帝國，土地遭到併吞。從此匈牙利成為鄂圖曼土耳其帝國進入歐洲的重要前線據點。

十三世紀，出現了一個名為立陶宛的巨大國家。當時的立陶宛疆域廣大，遍及今天的波羅的海三國：烏克蘭、白俄羅斯及俄羅斯西部，到了一三八六年又併吞了波蘭。立陶宛的大公約蓋拉（Jogaila，也被譯為雅蓋沃）娶了波蘭女王，因此他身兼波蘭王與立陶宛大公的身分，創始了雅蓋洛王朝。

成吉思汗的孫子拔都率領蒙古人侵襲此地，他們被稱為「利普卡韃靼人」。韃靼人指的就是蒙古人，而利普卡則是蒙古話，意思就是立陶宛。**立陶宛繼承了蒙古人等亞洲的血統**，並繼續發展。利普卡韃靼人的騎兵隊就成了立陶宛大公軍隊的主要部隊，相當活躍。

十四世紀末，當約蓋拉與波蘭女王結婚之際，他改信了基督教，與當地的斯拉夫人同化。雅蓋洛王朝還擁有斯洛伐克的土地，當時勢力相當強大，但到了十六世紀卻戛然而止。之後波蘭分裂，進入了混亂時期。

東歐與南歐就這樣從中世紀之後，不斷的有亞洲人進入，形成了由亞洲人與歐洲人組成複合民族王國的社會基礎，其強勢甚至能壓倒西歐。在亞洲游牧民族組成極具特徵的民族社會為前提，當時武斷政治四處橫行，商業活動完全無法扎根發展。因此這個地區缺乏盈利能力，到了近世之後就大大落後於西歐。

蘇聯解體，複合民族王國才得以獨立

如圖14-1所示，在三個複合民族的王國當中，保加利亞帝國與匈牙利王國在十六世紀都被鄂圖曼土耳其帝國征服了。雅蓋洛王朝終結後，波蘭於十八世紀受到普魯士、俄羅斯與奧地利等國的干涉而被瓜分，史稱瓜分波蘭。

圖14-1　白人與亞洲人的複合民族王國

十七世紀末，奧地利從鄂圖曼土耳其帝國的手中奪走了匈牙利。匈牙利與斯洛伐克都成了奧地利帝國（哈布斯堡家族）的一部分，受到奧地利的統治。

波蘭則是受到俄羅斯帝國的控制。在拿破崙戰爭的混亂當中，俄羅斯進軍波蘭，到了一八一五年在維也納會議上，各國承認波蘭被俄羅斯所統治，波蘭成為立憲王國，而俄羅斯皇帝就兼任波蘭的國王。

東歐各國就這樣受到俄羅斯與奧地利的掌控，但在第一次世界大戰時，俄羅斯革命以及奧地利的戰敗，讓各國藉機紛紛獨立。

十九世紀後半，巴爾幹半島得到俄羅斯的後援，各國開始從已經衰退的鄂圖曼土耳其中獨立並成立王國。這些國家有保加利亞、希臘、羅馬尼亞、塞爾維亞與蒙特內哥羅（日後的南斯拉夫）等，這些王國都由地區的貴族登上了王位。

這幾個東歐、南歐的國家在第二次世界大戰之後，成了蘇聯的衛星國家（按：指政治、經濟、軍事都受外國很大影響及支配的獨立國家），受到蘇聯的統治，所以君主制被廢止，實行社會主義。到了一九九一年，蘇聯解體，這些國家才開始獨立。

二〇〇四年，波蘭、斯洛伐克、匈牙利等國都加入了歐盟，但社會主義時代的後遺症仍然存在，直到現在經濟狀況都無法輕易的好轉。除此之外，強權性的政權運作也被視為是嚴重的問題。

過去完善的都市，現在成為流浪者的街道

自中世紀以來，東歐的文化、經濟中心就是捷克的布拉格。十世紀初，波希米亞王國在捷克建國，十一世紀時，波希米亞王國被劃入神聖羅馬帝國，改信天主教。

德意志貴族當中，有一個盧森堡家族，他們以今天的盧森堡大公國為領土。盧森堡家族的卡爾四世透過婚姻繼承，在十四世紀繼位為波希米亞王國的國王，成為波希米亞國王卡雷爾一世。

接著，卡爾四世又被選為神聖羅馬帝國的皇帝，名號查理四世。神聖羅馬帝國一直到十五世紀之前，也就是由哈布斯堡家族開始世襲帝位之前，都是由德意志貴族經由選舉制選出皇帝。德意志貴族特地選了盧森堡家族這個位處邊境的弱小勢力，是因為德意志貴族認為弱勢的皇帝比較好控制。

但是查理四世是充滿精力的皇帝，他**將神聖羅馬帝國的首都移到自己領地波希米亞的布拉格**，並在布拉格城進行興建工程、創立查理大學，在伏爾塔瓦河上興建查理大橋，這座橋至今仍是城市的象徵。布拉格在他的建立之下，都市變得相當完善，被稱為「黃金布拉格」，並與羅馬、君士坦丁堡齊名，發展成歐洲最大的大都市。

波希米亞王國雖然成為了神聖羅馬帝國的一部分，但在查理四世的努力之下，**擁**

圖14-2 第一次世界大戰後的歐洲

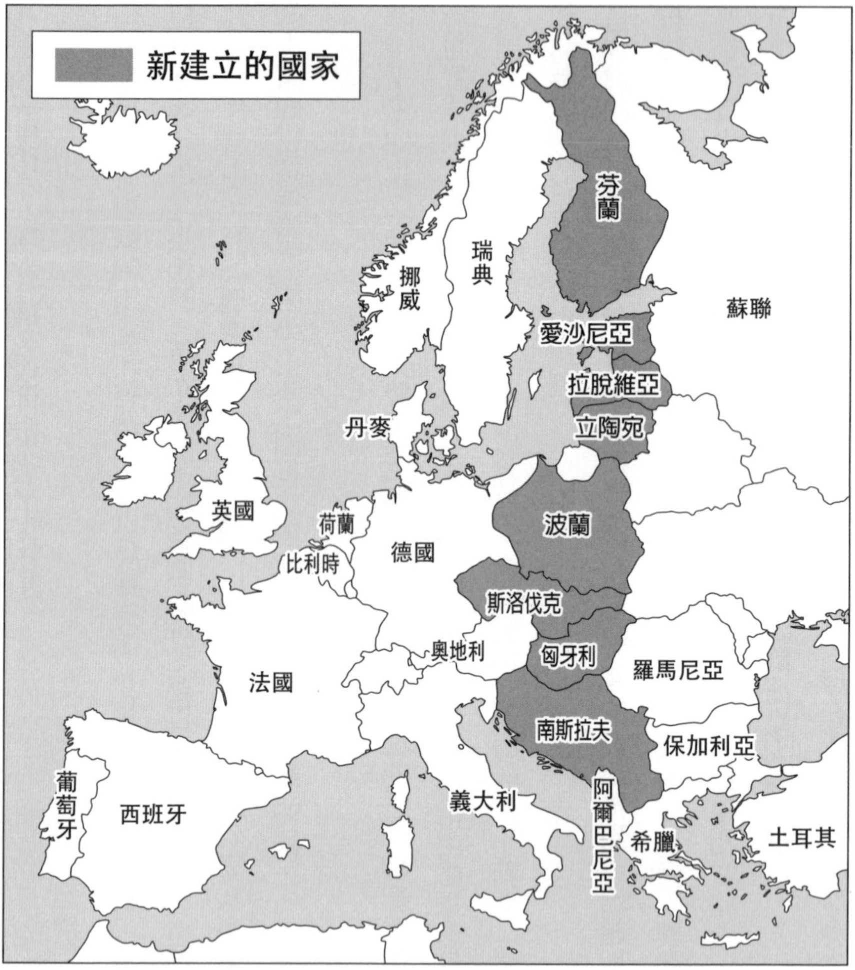

有了足以牽引神聖羅帝國的力量。但是到了十六世紀，盧森堡家族斷後，波希米亞就被哈布斯堡所統治，成為榨取的對象，開始急速衰退。

波希米亞受到宗教改革的影響，路德派（新教主要宗派之一）的新教徒激增。神聖羅馬帝國的皇帝斐迪南一世（哈布斯堡家族）卻禁止新教、強迫人民信仰天主教，因此引起人民的反感，到了一六一八年，波希米亞興起叛亂，成為引發三十年戰爭的原因。這場戰爭成為波希米亞衰弱的決定性因素，並且成為歐洲最貧窮的國家。從此，德語的「波希米亞」就帶著「流浪者」的含義。而英語的波希米亞也開始帶有同樣的意思。

第六章

中國的皇帝位置
有「德」者便可居之（德？我有）

15 曹丕篡漢，魏王替中國歷史定調

當我們面對天皇、皇帝和國王時，會使用「陛下」這個敬稱。究竟為什麼對國家裡地位最高的人使用「下」這個字呢？

這個敬稱大約是從西元前三世紀，中國秦朝秦始皇的時代開始出現。所謂的「陛」指的是通往皇帝居住的宮殿的階梯。因為皇帝會身處這個階梯的上方，所以**照理說應該要稱呼「陛上」才對**，可是為什麼會是「陛下」呢？

當時的人們是無法直接與皇帝交談的，通常都要透過皇帝的侍從才能上奏。皇帝的侍從都會等候在宮殿階梯的下方。因此，藉由稱呼「陛下」，表示「透過陛下之人向上稟奏」之意。

一開始，這個詞只不過是在向皇帝上奏時使用的開頭語，久而久之就變成代表皇帝的尊稱了。但是在中國，比起陛下，人們更常使用「皇上」這個敬稱。

除了皇帝之外，皇太子等皇帝的兒子被尊稱為「殿下」。殿下的「殿」指的是宮殿，意思是「透過宮殿之下的侍從向上稟告」，在意義上比陛下要低一階。

接著，人們尊稱皇族和大臣時，則使用「閣下」。這又比殿下低了一階。現在我們對總統、首相、大使等身分的人也會尊稱閣下。

除此之外，還有一些是對神職人員的尊稱。比方說對羅馬教皇、天主教會的總主教等基督教當中最高階的神職人員，會用「聖下」等尊稱。

對佛教的最高高僧、長老，則是尊稱「猊下」。猊是獅子的意思。在佛典當中，佛陀被譬為獅子，所以佛陀的座位被稱為獅子座。人們稱呼西藏達賴喇嘛時，也會尊稱為猊下。

聖下與猊下無法區分地位高下，只是稱呼方式不同而已。

對最高地位者的尊稱基本上都會使用「下」，同樣都意味著「透過下面的侍從向上稟報」。

「皇帝」稱號的由來

西元前二二一年，秦王政首次統一中國，並自稱秦始皇。從此「皇帝」這個稱號就誕生了。為什麼秦始皇創造這個稱號？這個稱號又有什麼樣的意義？

皇帝，來自於中國神話傳說中稱為三皇五帝的君主。天皇、地皇、人皇這三位傳說的「聖王三皇」創造了世界，接著由黃帝、顓頊（音同專旭）、嚳（音同庫）、堯、舜等五位「聖王五帝」繼承世界，創始了夏、殷、周。秦始皇將這三皇五帝的稱號全部合併在一起，創造了皇帝這個稱號。

皇與國王是相同意思，這個字的上半部是象徵著光輝的「白」。「帝」則有集結約束之意，專指統治者。帝字加上糸字邊就是「締」，也就是將絲線結合起來。因此，皇帝意味著統合世界、散發光輝之王。始皇帝便是自稱自己是至高無上的存在、可以凌駕於傳說中的聖人治世之上。

順帶一提，關於「王」究竟起源何處，為什麼有統治者的意思，也有許多不同的說法。有一個說法認為在古代中國，王這個字起源於斧頭的象形文字，而斧頭象徵著支配與統治。另有一個說法則是把象徵了天與地的「二」，在中間加上人變成「三」，接著再加入一條直線成為**「王」，象徵著串聯了天、地、人三者的存在**（出自許慎《說文解字》）。

天皇這個稱謂中也有個皇字，之所以不用天王而使用天皇，是因為日本想要和中國的皇帝對抗的緣故。

「天皇」於七世紀初期初次被使用。中國神話傳說中的三皇（天皇、地皇、人皇）

中，又以天皇的地位最高，因此被認為是最好的稱呼。七世紀後半，在日本第四十代天武天皇的時代中，天皇這個稱號變得普及，在孫子文五天皇的時代，七〇二年頒布的大寶律令中，也明文規定了使用「天皇」這個稱號。

日本在尚未使用天皇之前，則用大王或「すめらぎ」（sumeragi）作為稱號。關於すめらぎ也有不同的說法。有的認為「すめら」是皇字的古式讀音，之後誤傳為表示神聖之意的「澄める」。

日本在天智天皇完成大化革新的時代裡，貴族豪族的地位低下，以君主為中心的中央集權體制開始越來越健全。隨著天皇的王權逐漸鞏固，天智天皇的弟弟天武天皇便改掉過去稱號，讓天皇稱號逐漸變得普遍。

當時日本被中國稱為「倭」，君王被授予「倭王」的稱號。在中國，皇帝是最高的權力者，在下面有許多國王。中國的國王充其量不過是被皇帝分封領地的地方諸侯罷了。換句話說，倭王只是臣服於中國皇帝之下的其中一位諸侯。朝鮮半島各國的國王，也是同樣的地位。

當時日本的中央集權體制越來越完備，國力急速的擴張，為了想要避免使用帶有臣服中國意味的「王」的稱號，因而使用「天皇」這個新的君主稱謂。也就是說日本也是一個皇國，有與中國唐朝一較高下的氣概。

企圖遵守中國皇帝萬世一系的男人

隨著日本天皇固定了稱號，天皇的神性也開始深入人心，其血統變得神聖不可侵犯，萬世一系的皇統代代相傳一直延續至今。與此相比，中國皇帝本應該是世界統治者，卻無法遵守其神性，時常改朝換代，導致皇帝的血統經常斷後。

首先，秦始皇的血統就只持續了兩代。始皇帝的兒子胡亥雖然以第二代皇帝的身分繼位，卻被宦官操縱，最後被殺。

僅持續兩代皇帝的秦朝滅亡後，西元前二〇二年，在戰亂中勝出的劉邦創立了漢朝，成為新的皇帝。漢朝曾一度被王莽所篡，但前漢與後漢合計起來約有四百年，持續了二十八代皇帝。

在中國歷史中，皇帝血統可以傳承這麼長久的朝代，也就只有漢朝。因此有人開始認為，維持皇統的安定，才是形成社會秩序的基礎。所以為了維護血統傳承，中國應該要讓萬世一系的皇統得以扎根。

這個思想的代表者，就是活躍於後漢時代（二世紀到三世紀）的荀彧（音同遇）。荀彧因擔任曹操的參謀而知名。

當時的漢朝（後漢）的命運已盡，曹操計畫廢漢並自行創立了新的王朝，因此要先進爵，成為魏公。

荀彧是當時支持曹操的最大功臣之一，但他也認為要維護持續四百年的漢朝，因此反對曹操成為魏公。荀彧認為，如果每每強者一出就創立新的王朝、產生新的皇帝，那麼每一次的改朝換代，天下都會陷入紛亂，老百姓都會被捲入戰亂之中，不得安居。

但是曹操旗下的群臣卻認為，只要曹操成為魏公，政權的向心力就會更強大，因此懇求曹操盡早就任。只有荀彧從頭到尾堅決持反對意見。他主張應該以曹操為中心興起義兵拯救朝廷，這樣才能安定國家，就算漢朝再衰退，都不能忽視皇帝的存在。

因此荀彧開始被曹操疏遠。曹操送了一個美麗的容器給荀彧，荀彧一看內容物，竟是空空如也。空箱子意味著「你已經沒有用處了」，最後荀彧自殺而死（不過也有人認為荀彧是他殺而亡）。

行暴政的王不算君王，只是一般男人

荀彧死後隔年，曹操進封魏公，接著又被封為魏王。曹操之子曹丕逼迫後漢最後一任皇帝漢獻帝禪讓，曹丕登基成為皇帝，並在二二〇年創立魏朝。曹丕實質上可說是奪走了漢朝的帝位。

曹操與曹丕終結了漢朝後，遵守皇帝血統的精神文化崩毀，開啟了強者只要爭霸、靠力量獲得勝利，就可以擊潰原有的王朝的歷史。中國從秦朝到清朝，光是主要的王朝，就多達十個，如圖15-1所示，每次改朝換代，皇室血統就會改變。曹操與曹丕的時代，可說是萬世一系的傳統是否能夠建立起來的分水嶺。

早在曹操時代的五百五十年前，也就是西元前四世紀，就出現有人主張，道德衰退的王朝必定會被英雄豪傑所滅。這個人就是儒家的孟子。**孟子認為，殷的湯王**（商湯）**討伐了夏朝的桀王、周武王討伐商紂王，都不算是篡位**。

因為儘管夏桀與商紂是「王」，卻是施行暴政的暴君，早已失去民心，他們都只不過是缺乏道德的「殘賊之人」，理所當然會被廢位。孟子說：「聞誅一夫紂矣，未聞弒君也（只聽說誅殺了獨斷的紂，並不曾聽過殺了一國之君，亦即失去仁義的紂王根本不算君主，只不過是個男人罷了，因此也說不上是殺了君主）。」

夏朝被商朝所滅、商朝被周朝所滅。天命已盡的王朝藉由革命被新的王朝取代，孟子認為，這個時候如果君主自行讓位，就被稱為「禪讓」，被追放則被稱為「討伐」。這裡的革命又被稱為易姓革命，易姓也就是「改變（王室的）姓氏」的意思。

圖 15-1　中國主要朝代與皇室姓名

朝代	建國者	氏族名	建國時期
秦	始皇帝	趙氏	西元前 3 世紀
漢	劉邦	劉氏	西元前 2 世紀
魏	曹丕	曹氏	3 世紀
晉	司馬炎	司馬氏	3 世紀
隋	楊堅	楊氏	6 世紀
唐	李淵	李氏	7 世紀
宋	趙匡胤	趙氏	10 世紀
元	忽必烈	孛兒只斤氏	13 世紀
明	朱元璋	朱氏	14 世紀
清	努爾哈赤	愛新覺羅氏	17 世紀

易姓革命可以捏造歷史

孟子所謂的易姓革命，卻經常會被像曹丕這樣掌握實權的人所利用。美其名是具備品德的人建立新的王朝，實際上卻是不斷進行篡位。

為了強調易姓革命的正當性，新朝代的皇帝會透過編纂史書，徹底的詆毀上一個王朝的皇帝。以隋朝的第二代皇帝隋煬帝為例，他雖然有著相當優秀的政治手腕，在史書上，他卻被塑造成中國最大的暴君。

隋煬帝建立了大運河，整飭律令，建立其中央集權的官僚制度，致力於增強國力。隨著經濟的提升，人民的生活也有所改善。除此之外，他又實行均田制，將屬於豪族的土地均分給人民開墾為田地，努力改善人民的生活。其他還有像發展「科舉」制度錄用官僚、打破關隴集團（籍貫位於關中、隴西的門閥世族）壟斷仕途等。科舉是使用筆試的分數，決定及格與否的開放性錄用制度，即使沒有人脈或地盤的人，也有機會能出人頭地。

隋煬帝的政策非常優秀，讓國家運作的相當良好。然而**激進的中央集權主義也讓抵抗勢力在暗中洶湧**，這股勢力與隋朝重臣李淵、李世民父子結合，他們背叛了煬帝，發起政變。煬帝到江南視察時，李淵父子占領了長安並掌握大權，在六一八年建立了唐朝，隋煬帝終被暗殺。

由於李淵父子透過了這種不正當的政變取得帝位，因此他們大張旗鼓，刻意將隋煬帝塑造成一位暴君，主張自己發動政變是為了人民謀福利。

隋煬帝曾建設大運河，用水路連結了華北（中國北部）與江南（中國南部）。因此經濟提升，獲得了相當大的成果，但李淵父子卻對外宣傳隋煬帝為了建設運河，是如何剝削人民、使人民陷入痛苦。此外，他們更強調隋煬帝在慶祝運河開鑿完成的典禮上，不顧人民的痛苦，傲慢的在運河上航行豪華的大船並在船上飲酒作樂。

易姓革命如果發生的非常頻繁，就會經常產生當權者捏造歷史的狀況。

「王侯將相，寧有種乎？」

在歐洲，只要國王的血統中斷，王朝就會終結。但在中國，由於有易姓革命，君王若是失去道德，王朝就會終結。「道德喪失」這種曖昧的基準，就成了實力者向上爬的藉口，這也讓劉邦、朱元璋等平民成為了皇帝。

秦朝末年，率領農民起義軍的陳勝曾說過一句名言：「王侯將相，寧有種乎？」這句話意味著君王諸侯、將軍與宰相，不應由「種」（家族背景）來決定。這句話可說是深深的深植在中國人的意識之中。

圖15-2　《孟子》
現存於國立故宮博物院。孟子的易姓革命論，被臣子拿來當成把「打倒君主、下剋上」等行為正當化的理論。

不僅是平民，就連外來民族也有機會能當皇帝。由於這個「有品德的人比有血統的人更適合當君主」的道理，使得強大的外來民族也能當中國的皇帝。中國主要的朝代依序如下：「秦→漢→晉→隋→唐

圖15-3　《隋煬帝》
閻立本繪於7世紀，藏於波士頓美術館。煬帝雖然本名楊廣，但**被李淵父子安上「煬」（逆天）的諡號**，因此人們就對他形成了一種暴君的印象。

↓宋↓元↓明↓清」，在這當中，漢人所創立的統一王朝，僅只有秦、漢、晉、宋、明幾個朝代而已。

這簡直就像任何來路不明的人都可以把中國搶走一樣，搞得人民根本不知道自己的國家是什麼。這種狀態在歷史中不斷上演，使人民對國家的意識相當薄弱，因此社會也很混亂。

到了近代，這樣的缺點就更為顯著了。

相較於歐洲和日本都是民族國家，人民擁戴自己國家的國王或天皇，團結一致致力於國家近代化與富國強兵，但中國卻缺乏這種改革的中心理念，只能被時代的局勢所左右。

二十世紀，共產黨以毛澤東為首，他們打著否定身分與家世的共產主義思想，勢力突然越變越大。「王侯將相，寧有種乎？」的精神文化，或許已經在人民的潛意識裡代代傳承，使得中國對共產主義根本沒有免疫力。共產主義就像一種病毒一樣，瞬間傳染、擴大，並侵蝕了中國社會與中國人心。

16 國父革命，偕商人終結中國帝制

中國無論是過去或是現在，都是採集權主義的獨裁國家。這樣照理來說應該很適合皇帝制，但皇室卻遭到廢止，制度也沒有留存下來。這是為什麼呢？

中國最後一個王朝「清朝」的末期，出現兩個群體：立憲派與革命派（見圖16-1）。

立憲派的代表是康有為、梁啟超等清朝的官僚，他們認為如果在人民文化水準尚稱低落時，實行共和制或民主主義，必定會讓社會陷入大混亂，並成為列強蠶食鯨吞的誘餌，因此他們主張要在維持皇帝制的前提之下進行改革。他們希望中國能像日本和歐洲各國一樣，實行君主立憲制。

另一個革命派的代表則是孫文和黃興。他們認為，要在體制中進行改革是不可能的事，所以必須打倒清朝才行。

孫文等人是漢人民族主義者，他們在一九〇五年成立中國同盟會，並打出四大綱領的旗幟：「驅除韃虜、恢復中華、創立民國、平均地權」。韃虜是對韃靼人的蔑稱，

圖 16-1　清朝末年的改革派

	立憲派	革命派
代表人物	康有為、梁啟超	孫文、黃興
目標體制	君主立憲制	共和制
推動階層	封建諸侯	民族資本家（布爾喬亞）
政治結社	保皇黨	中國同盟會

在過去，韃靼人專指蒙古人，但隨著時代的演變，這個詞也可以拿來指滿州人等所有北方的外來民族。孫文等人認為滿州人建立的清朝是韃虜，因此主張必須要加以驅除。

他們的目標是排除滿州人、建立以漢人為中心（恢復中華）的共和制國家，並將特權階級的土地均分給人民（平均地權）。這樣的思想，開花結果成為孫文所謂的三民主義（民族獨立、民權伸張、民生安定）。

所以對於孫文等人所組成的革命派而言，他們完全無法容許清朝的殘存，打倒清朝是刻不容緩之事。

資產階級成為革命的原動力

甲午戰爭戰敗後，清朝在一八九五年簽下馬關條約，被迫退出朝鮮半島，並支付了龐大的賠償金。清朝蔚為泱泱大國，竟然會輸給日本，這個事實或許過於衝擊，讓大清終於下定決心立志改革。

一八九八年，立憲派發起近代化運動戊戌變法。儘管有皇帝獨裁的限制，且必須制定憲法，當時的光緒皇帝對改革態度卻相當配合。反倒是慈禧太后等保守派由於恐懼自己會被排除在勢力之外，所以開始打壓變法運動（戊戌政變），導致改革失敗。

由於立憲派的失敗，造成革命派的勢力大增。進入二十世紀之後，中國的工業化越來越進步，資產階級也逐漸增加。孫文開始集結國內的資產階級與國外的華僑（在海外經營成功的資產階級）勢力，使之成為革命運動的原動力。

這群資本家以及從清朝受封爵位和獲得特權的封建諸侯，在利害關係上相當的對立。封建諸侯們獨占領土，且不當介入資本家的工商業營生，藉此提升稅賦。然而，因為清朝是受到這些封建諸侯所支撐起來的，所以對資本家而言，如果要獲得工商業的自由，就必須打倒清朝。

圖16-2　孫文，攝於1910年代
廣東省出身，是位醫生。1897年滯留於日本時，與宮崎滔天結識，透過他的仲介，目標與康有為等立憲派合作，但最後仍走向決裂。

清朝當時已經處於末期，有著極大的財務困難，到了一九一一年，終於再也撐不下去而使出了強硬的手段，開始將幹線鐵路歸為國有，從資本家手上沒收鐵路，以填補財政的不足。

這些資產階級大都出身於清朝掌控較弱的中國南方，他們多數都從事鐵道建設、紡織、鋼鐵工業等資本事業。由於**清朝將鐵路國有化，使得資本家的怒氣爆發**，在四川興起暴動、在武昌起義，成為辛亥革命。民族資本家的勢力接著在中國南方單方面宣布從清朝獨立，並在南方選出孫文擔任臨時大總統，宣布建立中華民國。

這些人就這樣告別了從秦始皇開始、延續大約兩千一百多年的皇帝制度。在這裡補充，中國史上出現的皇帝總共約有六百多人。

袁世凱也是葬送「皇帝」的原因

另一方面，當時中國北方有一股地方豪族擁軍組成的軍閥勢力，其軍閥首領是袁世凱。清朝任命袁世凱為內閣總理大臣，並命令他去鎮壓革命派。於是他率領著大軍來到了南京。

袁世凱雖然是清朝體制內部的要人，卻也認為清朝的命數將盡，並判斷要成為新的中華民國總統才有利可圖，因此打算和革命派交換條件。他要求：「我會讓清朝的皇帝退位，以此為條件，必須讓我當中華民國的總統。」

孫文等人的革命派，面臨袁世凱的強大軍力，也不得不接受這個要求。但他們也認為，能讓皇帝退位，終結清朝，就是實質上的一項大進展。

袁世凱成為大總統後，逼迫宣統帝溥儀退位，一九一二年，清朝正式宣告滅亡。在中國，孫文等人的民族主義勢力為了埋葬皇帝制而努力奮戰，但是**實際上葬送皇帝制的，卻是袁世凱等享有清朝內部特權的軍閥勢力**。換句話說，清朝雖然有人在外設局，實際上卻是從內部被破壞的。

隨著宣統皇帝的退位，中國的皇帝制走向了終點，但曾和皇帝制並存的封建政治卻被保存了下來，政治內涵基本上並沒有改變。袁世凱掌握政權，並保障軍閥與封建諸侯的特權，反過來打壓孫文等人的資產階級的勢力。於是孫文組成了中華革命黨，與袁世凱政權對抗。但是袁世凱擁有強大的軍力，中華革命黨根本不是對手。

宣統皇帝溥儀退位後，被半幽禁在紫禁城當中。隨著日本在滿州建立滿州國，一九三四年，溥儀即位成為滿州國皇帝，被稱為康德皇帝，實質上卻是日本的傀儡皇帝。

隔年他受到了昭和天皇的邀請，生平第一次出國就造訪了日本。當時昭和天皇親自到東京車站迎接溥儀。溥儀一行人浩浩蕩蕩大約一百人，全都沐浴在日本國民的喝采之中。

溥儀受到日本皇族熱情的款待，並親密的稱呼他為「滿州殿下」，在滯留日本期間，溥儀受到各種媒體記者的追訪，並將其動向以頭條新聞的方式報導。溥儀周遊了日本各地，所到之處都受到了民眾的矚目。

溥儀的胞弟溥傑畢業於日本的陸軍官校，隨後成為滿州國軍的將校。一九三七年，溥傑與天皇家的親戚嵯峨侯爵家的女兒嵯峨浩成婚。溥儀、溥傑屬於愛新覺羅家族，他們從此就與日本皇室因此有了親緣關係。

溥傑與嵯峨浩生有兩個女兒。他們的長女與日本男性殉情自殺，次女**愛新覺羅・嫮生與嵯峨家有深交的福永家次男成婚**，並改名為福永嫮生，婚後育有五個孩子。她目前仍**住在兵庫縣神戶市**。換句話說，愛新覺羅的後代直到今天都還生活在日本。

圖16-3　溥傑與嵯峨浩成婚之際。

一九四五年，日本戰敗，滿州國崩毀，溥儀退位。當蘇聯軍入侵滿州時，他成了蘇聯的俘虜，一九四九年毛澤東建立中華人民共和國後，他就被移交給中國，被收容在撫順戰犯管理所，受到嚴酷的思想教育。過去曾貴為皇帝的溥儀無法忍受這番屈辱，三番兩次試圖自殺。他被迫效忠中國共產黨，經過了十年的勞役之後終於獲得釋放。

溥儀之後被選為中國人民政治協商會議的委員。政治協商會議集結了各界的知名人士來擔任名為委員的名譽職。一九六七年，他在北京去世。據說溥儀有性功能障礙，終生未育有子女。

皇帝制崩解，資產階級領導者與無產階級領導者惡鬥

讓我們把話題拉回到袁世凱與孫文。

袁世凱是個很有野心的人。一九一五年，他即位成為皇帝，將國號從中華民國改為「中華帝國」，並制定年號為「洪憲」，自命為洪憲皇帝。

袁世凱缺乏血統的正統性，他突然成為皇帝，在當時驚動了全世界。但是中國本來就有易姓革命的傳統，長久以來不論血統，只要有實力就能當上皇帝，因此袁世凱自己認為自己當上皇帝是理所當然的。

但是進入二十世紀後，世界各國逐漸步入近代化，中國國內開始出現「重現皇帝制不符合時代潮流」的反對聲浪，就連形成政治基本盤的軍閥和封建諸侯，都相當反對

他當皇帝。因此袁世凱僅僅就位短短的三個月就退位了，他不久便抑鬱而亡。

袁世凱病死後，軍閥勢力和孫文等人的革命派持續對立，阻礙了近代革命的發展。第一次世界大戰後，北京的學生成為革命的中心，展開了反帝國主義的五四運動。孫文感受到民眾越來越關心政治，便開始積極延攬民眾，努力試著形成一股革命勢力。**孫文在過去一直是以精英式的資產階級革命為目標，但從這時候開始，他改變思考模式，開始推動讓全民眾皆能參與革命。**

為了達成這個目標，孫文開始與以貧民階層為支持基礎的共產黨合作，成立了第一次的國共合作。**孫文等人由資產階級組成的勢力，就結成了國民黨，並與共產黨協調、合作。**

圖16-4　在皇帝即位典禮上的袁世凱。

自此之後，共產黨勢力在中國不斷擴張，且來勢洶洶。一九二五年，孫文留下了「革命尚未成功」的名言而病逝。

繼任者蔣介石與孫文不同，他認為共產黨是危險的威脅，必須加以打壓。因此蔣介石與毛澤東對立激烈，但是當時共產黨的勢力已擴大到無人能阻止的地步了。共產黨當時主張的社會平等，受到人民廣泛的支持。

中國與歐洲不同，資產階級尚未成熟，當皇帝制被推翻後，原本應該擔起重任的資本家，卻無法成為引領國家的強大力量。一九一二年，辛亥革命推翻清朝，由於缺乏領導者，中國徹底失去方向。社會秩序變得相當脆弱並迅速崩壞，共產主義獲得多數貧民壓倒性的支持，勢力不斷擴張。隨著皇帝制的瓦解，中國無可避免的走向共產主義國家的道路。

多虧明治天皇，日本現代化才得以不流血成河

當時的日本與中國一樣，資產階級都尚未成熟。但相對的，過去屬於特權階級的藩主與武士肩負起近代革命的重擔。

十七世紀英國的清教徒革命、十八世紀的法國大革命都處決了許多特權階級，其中也包括國王在內。在法國大革命期間，由於每天都要執行大量的死刑，甚至因此發明了斷頭臺。歐洲的近代革命充滿了血腥與暴力，本質上和中國的易姓革命是一樣的。

日本在明治維新時進行現代化，因此這類的血腥與暴力，壓縮到最低限度。日本

始終貫穿著這種對革命的穩健姿態，逐漸改去體制中老舊的弊病，推動近代化。日本的明治維新和歐洲以民眾階級為主、積極打破舊體制的態度，有著根本上的不同。

日本的近代化之所以能穩健前進，天皇的存在功不可沒。**末代將軍德川慶喜在不失去自己顏面的狀態之下讓出政權**，他名義上說這是「大政奉還」，意思就是將過去地位更崇高的天皇委託給自己的政權，重新還給天皇。

江戶時代大約持續了兩百七十年，如果德川慶喜受到「薩摩、長州這些邊境領主（結盟抗衡）」的羞辱，幕府勢力或許就不會在不見血的狀況下「江戶開城」（按：日本江戶時代（一八六八年），舊幕府（德川宗家）在經過與明治新政府軍隊（東征大總督府）的一系列談判後，將江戶移交給新政府），而會盡全力與革命軍奮戰。他們也許不會輕易選擇的交出政權，反而會發展成血洗滿城的內戰。

幕府以大政奉還的名義對天皇釋出忠誠。正是因為人民相信日本天皇是卓越的存在，才讓日本避免了這場危機。

把天皇看作神，日本諸侯放棄大權

如果觀察歐洲民主革命的鬥士，你或許會認為以日本天皇為頂點的明治政府，完全走上了回頭路——回復王政。不過這時的明治政府並沒有實行共和制，反而是擁戴天皇的君主立憲制。

以總理為首的大臣們必須對天皇負責，而他們的權力是由天皇所賦予的。為了要讓這個大權更有實效性，多少過分神格化天皇。歐洲的國王主張「君權神授」，認為國王的政治權力是「來自神的賦予」，但是卻沒有人說自己的存在本身就是神。

但是日本的天皇變成像神一樣的存在，也就是日文中所說的「現人神」。天皇傳承著萬世一系的血統，肩負著比歐洲國王更重的擔子。

現人神的天皇，在要實現困難的改革時，發揮了很大的作用力。與大政奉還的時候相同，在廢藩置縣時，藩主們都確實的把實權歸還給天皇。這些封建諸侯之所以會放棄這些特權，並不是因為他們受到了身分比較低的革命家，如西鄉隆盛、大久保利通等人的命令，而是因為高高在上的天皇。

以武士的忠義心來看，天皇的命令是不可違逆的。儘管在封建時代裡，他們是握有實權者，但他們幾乎都乾脆的拱手讓出了權力。這份果斷的態度很難在歐洲特權階級身上見到。歐洲很多特權階級在被拖上斷頭臺之前，都還惡言相向，不停的抵抗。

在日本，從鎌倉幕府到江戶幕府時代，在將軍這個世俗的掌權者之上，都還有著天皇這個超越一切的崇高存在。日本社會的秩序並沒有激烈的崩毀，反而實現了緩慢的變革，最主要的原因就在這裡。

中國等國家一旦由新的朝代取代舊的朝代，就會發生易姓革命，並沒有一個像日本天皇一樣，如同國家中心的存在。

近代革命必定同時伴隨著痛苦。當時的日本國民為了天皇的威嚴和國家的光榮，忍受並承擔這份痛苦，因此日本得以在很早的時期就變身成為近代國家，這也是世界史中少見的例子。

第七章

李氏朝鮮：你靠北、我靠東，王位不保

17 朝鮮被日本滅國。但朝鮮是個「國」嗎？

「我國的皇帝陛下懇切向大日本帝國天皇陛下請願，讓朝鮮人能享有與日本人相同的一等國民待遇，讓政府與社會得以發展。」這是朝鮮在大韓帝國時期的政治團體「一進會」，在一九〇九年所提出的《韓日和邦建議書》中陳述的一節。

一進會是親日保守派的政治團體，也有人認為，這份建議書是日本的計謀、由日本發出的偽造聲明，目的是要呈現一種「是朝鮮內部自行提出併吞朝鮮的要求，日本只不過是接受這個要求罷了」的情勢。

或許事實就是這樣吧。

一進會雖然誇下海口說會員有一百萬人，但沒人知道實際上他們究竟是個什麼樣的組織。一進會在上述的建議書中提到：「日本在甲午戰爭、日俄戰爭中消耗了龐大的金錢與無數的人命，讓韓國能夠獨立。」就結果來說，這的確是事實，但我認為根本不可能會有這麼親日的朝鮮人存在。

當時朝鮮大韓帝國處於無作為主義的狀態，有些親日保守派期望能將朝鮮託付給日本管理。其中或許不乏因為看上金錢或權力而想順從日本，但他們都認為，就算必須藉助日本的力量，也要讓朝鮮邁向近代化。

當時朝鮮的內閣大臣們，如李完用等人大都是親日派，他們都希望日本能與朝鮮合併。

相對的，日本對合併朝鮮一事的態度卻很謹慎。伊藤博文時任當時的「韓國統監」，他認為：「日本不須併吞韓國，因為合併很危險。」如果合併朝鮮，日本就會終結朝鮮王朝，如此一來，恐怕會招致朝鮮人的反彈。

而且，如果日本和朝鮮這個既貧窮又荒廢的國家合併，統治當地還得花費相當大的成本，這對日本來說根本毫無利益。

「對我開槍的人是愚蠢的傢伙！」

儘管如此，為了防禦俄羅斯的南下，保衛日本在極東地區的安全，日本國內認為必須合併朝鮮的聲浪越來越強烈，伊藤博文也無法再繼續堅持反對意見。

在這樣的狀況下，伊藤博文被刺殺身亡。一九〇九年，伊藤博文為了與俄羅斯商討滿州與朝鮮的問題而前往滿州，在哈爾濱車站被朝鮮的民族運動家安重根以手槍擊斃。

中槍的伊藤高喊：「誰開的槍？」在得知是韓國人之後，他回答：「槍殺我的人是愚蠢的傢伙！」就斷氣了。伊藤博文認為只有自己才能阻止日本併吞朝鮮，自己死後，日韓合併勢必無可避免，因此才會說出這番話。

從這一刻開始，日本國內的輿論往合併朝鮮一面傾倒，朝鮮的首相李完用也要求盡快完成合併。朝鮮國內讚譽刺客安重根的聲音越來越大，民族主義者獲得了極大的勢力。他們如果興起暴動，李完用等親日派人士勢必會最先被暗殺。而李完用為了自己的性命，緊抱著日本不放。

一九一〇年，雙方正式簽訂了日韓合併條約，大日本帝國併吞大韓帝國。大韓帝國皇帝被廢除，皇族（李氏）則被封為相當於大日本帝國皇族的王公族。持續了五百年以上的李氏朝鮮王朝，從此被日本終結。

朝鮮人如果能夠親手結束病入膏肓的李氏朝鮮王朝，並完成近代化的話，就不需要日本耗費龐大的預算合併貧窮虛弱的朝鮮。

當時的日本領導者也應該要理解，為什麼伊藤博文會說「併吞朝鮮是相當危險的事」，如果能像伊藤博文原先主張的，只將朝鮮列入保護國的話，就有充分的國力能夠與俄羅斯相互牽制了。再加上，腐敗的李氏朝鮮王朝本來就應該要透過自己人民之手來終結，日本人不應該參與。

儘管有人強調日本合併朝鮮是合法的，但儘管合法，日本的領導階級卻做出這種對日本毫無好處的事，這本身就是一個問題。

李氏朝鮮抱中國大腿五百年

一三九二年，武將李成桂創立了李氏朝鮮（中國明初），直到一九一〇年為止，總共持續了五百一十八年。朝鮮第一個統一王朝是新羅，持續了兩百六十七年。而韓國英文發音 **Korea**，源自高麗王朝，也持續了四百七十四年之久，算是長壽的王朝（朝鮮王朝見下頁圖 17-1）。但是在中世紀時長壽和在近代長壽，這兩者之間的意義是不同的。

李氏朝鮮算是非常長壽的王朝，但是真正有認真實行政治的時間，不過是剛開始的區區五十年罷了（到一四五〇年，第四代世宗去世為止）。此後朝鮮的政治便開始腐敗，王朝只是名存實亡的存在，陷入功能不全的狀態，民眾的不滿不斷升高。

一五九二年，豐臣秀吉派遣遠征軍到朝鮮，許多對國王厭倦的朝鮮人開始向日本輸誠、投降日本。他們被稱為「順倭」，積極的協助日本軍。朝鮮王朝完全不得人心。儘管如此，為什麼李氏朝鮮還是持續了這麼長的時間呢？

圖 17-1 朝鮮的統一王朝

國家、王朝名	時期	首都	中國
新羅	668～935 年	慶州	唐朝
高麗	918～1392 年	開城	宋、元朝
李氏朝鮮	1392～1910 年	漢城	明、清朝

李氏朝鮮是中國的屬國。強大的中國王朝把李氏朝鮮當作傀儡，依自己的需要擺布、利用朝鮮。

李氏朝鮮的王族與當權人士對中國王朝的用意心知肚明，為了朝鮮就任憑中國擺布，拚命討中國歡心。他們諂媚中國，甚至毫不在意的對中國做出賣國的行為。他們藉由這種行為，獲得了許多利益與權力。

另一方面，當權者卻將民眾當作奴隸般使喚，徵收各種物資去進貢中國。人民的生活水準低落到簡直不如人。當時朝鮮政治的中心課題，就是要如何搾取人民。

而中國為了要保有這個對自己予取予求的李氏朝鮮，就經常介入、支援朝鮮。本來早就應該倒臺的李氏朝鮮，因為有中國的力量，得以持續下來。十六世紀，豐臣秀吉的遠征軍到來時，李氏朝鮮幾乎快要被滅亡，但明朝卻出兵救援，拯救了朝鮮。此外，當朝鮮國內出現了叛亂時，中國也會為了朝鮮王朝出兵，取代孱弱的朝鮮王朝鎮壓叛亂。

朝鮮不是國家，沒有用「陛下」

前文提過，朝鮮是中國的屬國。但嚴格來說，朝鮮甚至不能算是屬國，而是中國的屬地。換句話說，朝鮮並沒有一個國家應有的主權，充其量是中國領土的一部分。

中國有一個稱為「郡國制」的地方制度，中央將諸侯派遣到各地方，並委任諸侯管理地方政治。漢景帝時代出現七國之亂（按：發生於西元前一五四年，當時以被封為吳王的劉濞為中心的七個劉姓宗室諸侯，不滿朝廷實行削藩政策，剝奪地方諸侯權力，所以興兵反抗），吳、楚等七國雖被稱為「國」，但實質上並不是國家，只是漢王朝的一部分。諸侯雖被封王，但並不等於是國王，只能算是漢朝地方縣長。

中國有著這種郡國制的傳統，經常會使用「國」與「王」的稱呼，但是這和近代中使用的主權國家或國王等稱謂並不相同。

雖然明朝正式冊封李氏朝鮮第三代的太宗為「朝鮮國王」，但這是以「郡國制」方式，把他當成諸侯王罷了。我們可以從**李氏朝鮮王**的稱謂與用語中找到證據。**他沒有被稱為陛下，而是地位低一階的殿下**。繼位者也是被稱為世子，而非太子。換句話說，朝鮮並不存在真正的國王。其他的證據還有人民對朝鮮國王使用「千歲」，沒有像稱頌中國皇帝一樣使用「萬歲」。

一般的歷史書中認為，「朝鮮」很明顯是被賦予的稱號，並不能說是國號。

高麗王朝末期的政治家鄭道傳，是第一個提出要向中國試探能不能使用朝鮮的人。鄭道傳是李成桂的參謀。他向李成桂建言：「應該派遣使者到明朝，決定是否能用一個新的國號來取代『高麗』。」他們無法擅自決定，只能期望明朝來決定。在歷史上需要靠其他國家來決定自己國家的名稱，就只有這個李氏朝鮮了。

這時候，他們向明朝提了朝鮮與和寧兩個方案。和寧是李成桂的出生地，相當於現在北韓東北部咸鏡南道的金野郡，在過去被稱為永興郡。相較於主要提案的朝鮮，和寧被認為只是個備胎方案。

圖17-2　《太祖李成桂》
韓國國立古宮博物館藏。李成桂與贊同孟子的易姓革命、主張應打倒高麗的鄭道傳聯手發動政變，創立了李氏朝鮮。

明朝朱元璋下令使用朝鮮，接著又賜李成桂一個「權知朝鮮國事」的官位。這個官名中雖然包含著「國」的稱呼，但只是「邦」（古時諸侯的封土），並沒有什麼太大的意義，不能解釋成中國承認朝鮮為一個獨立的國家。朝鮮的意圖當然是想要將此視為「國號」，不過很遺憾的，中國沒有如他們所願。

韓國的教科書與歷史書都認為，「朝鮮」意味著繼承了檀君（朝鮮半島民間傳說的始祖）以來的古朝鮮傳統，並包含著尋求民族獨立性的意義。的確朝鮮從鄭道傳開始，就抱持著這樣的氣概。

中國並不是給「朝鮮」國號，而是地名。所謂國號是擁有主權的獨立國家才能冠上的稱謂。因此很明顯的，中國並不承認朝鮮是個獨立國家，在這層意義上，我們不應視「朝鮮」為國號。朝鮮也承認明朝的宗主權，更印證了這個道理。

然而有人將明朝封李成桂為「權知朝鮮國事」這個官職是視他為「朝鮮王代理」，但這只不過是朝鮮擅自的解釋罷了。「權知國事」只是「知事」之類的官職。此外，這裡的「權」和日本的權大納言、權中納言相同，有著「副」、「臨時、暫代」的意思。也就是說，權知國事甚至根本不是正式的知事，只能算副知事或暫代知事。由此看來，也可以很清楚看出「朝鮮」並不是一個國號。

想打野蠻人，卻被野蠻人壓著打

在明朝滅亡之後，李氏朝鮮隸屬於清朝。朝鮮最初將清朝的滿州人（女真人）稱

為오랑캐（野蠻人），後來甚至開始打擊野蠻人，向清朝宣戰。

此舉激怒了清朝皇帝皇太極，他在一六三六年親自率兵攻打朝鮮，史稱丙子胡亂。朝鮮雖然很有氣勢的宣戰，但其實面對勢破如竹的皇太極，朝鮮也只能四處逃命。才開戰五天，清朝就攻陷了首都漢城。

朝鮮王仁祖與朝臣們匆忙逃離漢城，前往漢城南方的南漢山城避難。被圍困於此的仁祖最終降伏於皇太極。仁祖到漢江南岸的三田渡拜見皇太極，並且被迫行「三跪九叩之禮」。

三跪九叩是臣子要對皇帝所行之禮。皇帝的宦官以高昂尖銳的聲音下令：「跪！」臣子就得下跪，隨著「一叩頭」、「再叩頭」、「三叩頭」的號令以頭觸地磕頭，聽到「起！」的號令才起身，這套動作必須重複三次。

在仁祖向皇太極行三跪九叩後，自行成為清的臣下，宣示順從於清（按：史稱丁丑下城，今日韓國人將此次事件看作國恥，稱之為「三田渡之屈辱」）。

此後清朝開始統治朝鮮，持續了大約兩百五十年。一八九四年爆發鴉片戰爭，日本為了解放朝鮮而戰，在一八九五年根據馬關條約，清朝承認朝鮮的獨立。從這個瞬間開始，終於結束了中國對朝鮮從屬國統治的漫長歷史。

一八九七年，獨立的朝鮮自立大韓帝國，**在韓語中，韓是「王」的古語**，西元前二世紀到四世紀的「三韓」（馬韓、辰韓、弁韓）也使用過這個字。

經過了日俄戰爭，日本將俄羅斯排除在朝鮮半島之外。最後在一九一〇年，日本與朝鮮雙方簽訂合併條約，大日本帝國正式合併大韓帝國。

18 李氏朝鮮，帝后橫死

一八九五年發生了一宗朝鮮王妃閔妃（明成皇后）被殺害的事件（乙未事變）。這宗事件發生在朝鮮合併、李氏朝鮮被廢的十五年之前。一般教科書或歷史書上都斷定閔妃是「被日本的朝鮮公使三浦梧樓所殺」，但這些論述都缺乏了史料，這種斷定也沒有任何根據。

閔妃是第二十六代朝鮮王高宗的王妃，也是下任國王純宗的母親。高宗資質駑鈍，完全不了解政治，只能依賴聰慧的閔妃。

閔妃與高宗的父親興宣大院君對立激烈。興宣大院君對閔氏一家介入政治產生高度警戒心。在此之前，朝鮮的政治也經常被王妃等姻親的外戚所篡位。他們在王的背後操縱國家，隨心所欲行使權勢。這被稱為「勢道政治」。

大院君想立高宗與尚宮（宮女）李氏所生之子為世子（王位繼承人）。尚宮沒有有權有勢的親戚等作為強大背景，正好可以藉此防止勢道政治，這對大院君來說是再好不過的。閔妃因此對大院君恨之入骨。

閔妃與大院君這場媳婦與公公的鬥爭，把朝廷臣子都捲了進來，並且完全無法停止。一下子閔妃將大院君逐出宮廷，接下來又換大院君把閔妃逐出朝廷，兩者分別串通清朝、日本等外國勢力和國內反叛軍的勢力，不斷的相互政治鬥爭。

最後大院君使出了最終手段，與日本聯手策劃暗殺閔妃。

朝鮮王室的翁媳宮鬥，日俄捲進來

甲午戰爭之後，統治朝鮮的日本逐漸敵視閔妃。閔妃與俄羅斯聯手，企圖擺脫日本的統治。俄羅斯在「三國干涉」中獲得成功，讓日本把遼東半島歸還清朝，閔妃因此增強了對俄羅斯的依賴（按：三國干涉發生於甲午戰爭後，在清朝與日本政府簽署《馬關條約》後，過了六天，俄德法以「友善勸告」，使日本把遼東半島交還給清朝。導致之後引發日俄戰爭）。

大院君與朝鮮公使三浦梧樓等人開始策動暗殺計畫。這個計畫主要是策動在鴉片戰爭後由日本軍所創設的守備隊（由朝鮮兵所組成）。率領這個守備隊的是名為禹範善的親日派軍人。

暗殺當天，大院君讓守備隊和日本壯士從王宮後門進入宮內，他們暗殺閔妃以及數位宮女。高宗的兒子純宗也證實，直接下手殺害閔妃的人就是禹範善，因此幾乎可以認定他就是犯人。問題是，這樁暗殺事件的主謀究竟是誰呢？主要有三個假說：第一個是大院君主謀論，第二個是三浦梧樓一人主謀論，第三種是日本大臣井上馨等人日本主謀論。不過第三個日本下令去暗殺閔妃的論點，說到底還是不太可能，因為只是韓國方面的論調而已，這件事的史料不足，還留有許多疑點。

我認為大院君應該是暗殺主謀，三浦梧樓等日本人可能根本沒有收到日本的命令，只憑一己獨斷就協助了大院君的策劃。我不能說日本人與這樁暗殺王妃的事件毫無關係，但沒有人能斷定是三浦梧樓所殺。

閔妃對日本來說，確實是個麻煩的存在，要除掉這個存在可以算是暗殺的動機。公使三浦梧樓揣測了日本國內的想法，對大院君提出協助，順著大院君的計畫與禹善範一起闖入王宮——這樣推測是頗合乎道理的。

高宗閔妃誰殺的？日本人說不是我

在甲午戰爭後從清朝獨立的朝鮮，在一八九七年成立大韓帝國，朝鮮王高宗即位為皇帝，號光武帝。

高宗為了推動近代化而實行了光武改革，可是進行改革需要資金，於是他提高稅收，結果導致了人民叛亂。

一九〇七年，高宗引發了「海牙密使事件」。他派遣密使前往於荷蘭海牙舉行的第二次萬國和平會議，向各國控訴日本侵略韓國，但這是相當粗糙的手法，而且國際各國均承認日本在朝鮮的權益（日本對韓國的保護權），所以沒有把他的訴求當作一回事。

這件事激怒李完用等朝鮮的親日派。相反的，高宗卻毫不掩飾自己反日的態度。因此親日派逼迫高宗立刻退位，並擁立皇太子純宗即位。純宗名號隆熙帝，他有輕度智能障礙，實際上並沒有辦法管理政治。他在位只有三年，也就是做到一九一〇年朝鮮被日本合併為止。

由於純宗生育能力有問題而沒有子嗣，因此由高宗之子、純宗的同父異母弟弟英親王李垠成為皇太子。

朝鮮被日本併吞之後，韓國皇族失去了皇族的身分，並被賦予相當於大日本帝國皇族的「王公族」身分（參照下頁圖18-1）。純宗成為李王，敬稱從「陛下」被降格為「殿下」。

高宗於一九一九年腦溢血身亡，但這個時候，朝鮮卻流傳著高宗是被日本毒殺而死的傳言，演變為「三一獨立運動」。閔妃與高宗都是日本人所殺的論調，在韓國變得相當根深蒂固。

純宗在一九二六年因心臟衰竭而逝世，李王的地位就由王太子李垠繼承。

韓國總統怕王政恢復，拒絕李垠歸國

李垠從年幼時就在日本受教育，曾就讀日本的貴族學校「學習院」和陸軍中央幼年學校，並畢業於陸軍士官學校。哥哥純宗在一九二六年過世後，他即位成為李王，成為李王家當家之主。

李垠隸屬於日本陸軍，他很有從軍的才能，晉升相當順利。一九三六年發生二二六事件（按：又稱帝都不祥事件。當時日本發生政變，日本部分陸軍的皇道派軍官率領士兵，刺殺統治派的成員，最終政變遭到撲滅）時，李垠時任步兵連隊長，他率領大隊鎮壓了反叛亂軍。一九二〇年，他和戰前屬於十一宮家的梨本宮守正王長女「方子女王」結婚。方子女王曾為昭和天皇妃的候補人選，據說眾人得知她與朝鮮王族結婚後，

圖18-1 朝鮮被合併後的李氏王公族

李㷩（高宗）……太王（李太王）	
完興君李載冕……公（李公）	高宗之兄
李坧（純宗）……王（李王）	高宗之子
義親王李堈……公（李公）	高宗之子
英親王李垠……王太子（李王太子）	高宗之子

都十分愕然。朝鮮獨立運動家對這門婚事都持反對意見，並策劃要暗殺李垠夫婦，不過東窗事發，獨立運動家遭到了逮捕。

李垠夫妻居住在建設於一九三〇年的舊李王家邸。這個宅邸是二〇一一年關閉的赤坂王子飯店的舊館，目前已改建為「東京 Garden Terrace 紀尾井町・赤坂王子 Classic House」。李垠個性沉默寡言且認真嚴謹，夫妻感情相當和睦，由於「舉手投足都十分符合皇族形象」而獲得世人相當高的評價。

圖18-2　訪問大韓帝國的大正天皇一行人（1907年）。
前排從右開始為韓國皇太子李垠、大正天皇（當時是皇太子）、韓國皇帝純宗、有栖川宮威仁親王，後排左邊為伊藤博文。

一九四七年，日本憲法中所實行的王公族制度遭到廢止，李垠因此失去了王公族的身分，成為一介在日韓國人。

李垠夫婦曾向大韓民國提出歸國申請，但是李承晚總統怕他回國後會恢復王政，進而威脅到自己的地位，因此相當有戒心，沒有允許他們歸國。不過我認為，或許他們不回韓國

圖18-3 年幼的李垠與伊藤博文（1907年）。

還比較好。例如中國清朝的宣統皇帝溥儀，回到中國後就被收容在撫順戰犯管理所，說不定李垠也會遇到類似的遭遇。再加上，李垠在日本陸軍中，表現相當活躍，也有可能會被視為戰犯而判刑或當眾處決。

在一九六二年，朴正熙總統執政的時代裡，李垠夫婦的韓國籍身分終於受到承認。隔年李垠夫妻回到韓國，但李垠卻突然腦中風，在韓國一直過著住院養病的生活。

韓國人民相當同情李垠夫妻，對待方子王妃也很熱情。一九七〇年，李垠去世。方子王妃住進了昌德宮的樂善齋，並於一九八九年去世。

李垠夫妻生有兩個兒子，一九二二年，夫婦帶著才剛出生八個月的李晉前往朝鮮，晉見純宗。沒多久李晉就開始嘔吐、下痢，不久後便在漢城死亡。雖被診斷為急性消化不良，但也有人傳言，他是被一些反對李垠與日本皇族結婚的民族主義者所毒殺的。

圖18-4 李垠與方子女王（1920年）。

次子李玖畢業於日本學習院高等科之後，前往美國的麻省理工學院留學，攻讀建築系。一九五八年他與歐洲裔美國人女性結婚後，取得了美國籍。隨著父母回到韓國，他也試圖在韓國開展事業，不過以失敗收場。他最後於二〇〇五年在東京的舊李王家邸去世。

由於他沒有子嗣，李垠直系的後代子孫就從此斷後了。

李王朝的末代公主

德惠翁主是高宗最小的女兒，高宗相當溺愛她。「翁主」是朝鮮對公主的稱號。她在一九一二年出生，是朝鮮被日本合併之後的兩年。

德惠和李垠同樣都是受日本教育長大的。她十二歲時到了日本，和李垠夫妻一起生活，並就讀東京的女子學習院。除了在見純宗、參加純宗的葬禮和自己母親梁桂人的喪禮時，她曾經回到朝鮮，除此之外她都住在日本。

她被診斷出患有思覺失調症，受失眠症狀所苦，經常做出奇異的行為。

一九三一年，她與對馬島藩主之子伯爵宗武志結婚。對馬宗氏一直以來，和李氏朝鮮有貿易往來。德惠結婚之後，思覺失調症逐漸惡化，儘管如此，宗武志仍然守在她身邊，細心照顧她。

戰後，德惠提出回國的申請，但和李垠一樣，這個請求被李承晚政權拒絕。這時，由於她的思覺失調症已相當嚴重，必須住進精神病專科醫院東京都立松澤醫院。

圖18-5　李氏王族攝於德壽宮（1918年）。左起李垠、純宗、高宗、高宗妃、德惠翁主。

圖18-5　德惠翁主與宗武志（1931年）。

在一九六二年朴正熙總統的時代，她和李垠夫妻的韓國籍終於獲得承認，得以回到了韓國。德惠和方子王妃一起住進昌德宮內的樂善齋，在方子王妃去世之後，過了九天，也是就是一九八九年四月二十一日，德惠也跟著去世了。

德惠與宗武志之間生有一女，名為宗正惠。她曾經就讀女子學習院，並畢業於早稻田大學英文系。她的母親德惠有作詞的才能，父親宗武志也是位文學家（麗澤大學教授），正惠遺傳自雙親，也是一個才女。

她雖然和在大學認識的日本男性結婚，但與母親一樣受到精神疾病所苦，於一九五六年留下遺書後就失去蹤影。這麼一來，德惠也絕後了。

結姻親，受教育，日本尊重朝鮮王族

在李王室的直系後代之中，義親王李堈有相當多的子孫。除此之外，高宗也與宮女生了不少子嗣。

李堈有許多的妻妾偏房，總共生了十二位男性、九位女性。他有留學日本慶應義塾大學的經驗。在朝鮮被合併之後，他在一九一〇年被封為公（李公），一九三〇年，他將公位讓給長子李鍵。

李鍵隸屬日本陸軍，歸化於日本籍後改名桃山虔一。「李」這個漢字在日本又可念做「すもも」（sumomo，李子），取其發音而改成相似的「桃山」（Momoyama）。

李鍵在一九三一年與廣橋真光伯爵的乾妹松平誠子結婚，而廣橋家原本就是京都的公家。兩人育有兩男一女，他的子孫目前都居住在日本。

其他如高宗的兄長李載冕（李公）的孫子、繼承公位的李鍝，他屬於日本陸軍，曾以中佐的職位被派到廣島去。李鍝在去司令部工作的途中，遭遇廣島市原子彈爆炸，次日在廣島市似島死亡。李鍝的兒子雖在日本受教育，但最後還是回到了韓國。

李垠、德惠宮主和高宗之子等，都在年幼時就被帶到日本，韓國都認為他們受到了人質般的對待，但事實上，日本相當尊重朝鮮王族，讓他們與皇族與貴族結成姻親關係。此外，由於日本同情朝鮮當時沒有一個稱得上是學校的高等教育機構，所以提供他們接受教育的機會。

日本期待著朝鮮王族受了高度的教育後，可以理解世界的情勢，並且能成為日本人的同胞。這種做法和過去歐洲列強大肆宣揚帝國主義，踐踏其他國家王室完全不同。

如果不是這樣，日本根本不會讓朝鮮王室與日本皇族與貴族結成姻親。反之，韓國的李承晚政權卻相當蔑視朝鮮王族。而且不只是李承晚，韓國的國民也忘了自己國家的王族，甚至不願接受他們。

第八章

英法俄滅了哪些王？至今仍在的王怎麼辦到？

19 泰國汶萊有王。柬埔寨馬來西亞有王？

駐泰的日本人言行必須非常小心。泰國有一種稱為「不敬罪」的重罪，比方說對泰國王室不敬、毀謗與中傷等，可處三年以上、十五年以下的有期徒刑。泰國對不敬罪相當嚴厲，光是對王室開玩笑，就可能被逮捕。就算是外國人也會被治罪，所以駐泰人員都非常謹慎。

二〇一六年，泰國軍就以不敬罪的嫌疑，逮捕二十名日本人。這些日本人似乎完全不了解不敬罪的嚴重性。同年的十月十三日，泰國國王蒲美蓬·阿杜德（拉瑪九世）以八十八歲的高齡逝世。泰國的軍事政權要求暫停各種娛樂性活動，並進行三十天的哀悼，許多泰國人在這個期間都穿上黑衣服喪。

儘管如此，在十月三十一日，這二十位日本人卻在曼谷近郊的高爾夫球場上，舉辦賽後的慶功宴，高聲飲酒作樂。經人通報後，他們就被軍方帶走了。幸好最後軍方只是嚴厲的警告他們「要維持服喪期間的禮節」而已。

在過去，有個澳洲人在書中寫了批判泰國王室的言論，最後在二〇〇九年被判處了三年的徒刑。

最近泰國政府對新國王瑪哈．瓦集拉隆功（拉瑪十世）的批判性言論也是繃緊了神經。這是因為瓦集拉隆功國王在還是王太子時，報章媒體曾經不斷出現有關他「素行不良」的報導。

無論是哪個國家的王族，都會有各種類型、不同個性的人，其政治背景也各有不同。其實日本在過去也曾經有過不敬罪，但在一九四七年已被廢止。

泰國王室是全世界最富有的王室，擁有三百億美金（約新臺幣九千三百億元）的資產，每年的收入也高達三億美金（約新臺幣九十三億元）左右。因為泰國王室擁有廣大的王宮與寺院，不只繼承了土地，最近又因投資得利，而成功增加財富。除此之外，泰國王室在泰國軍隊之外，還持有一隻大約五千人規模的王室專用軍隊。

依慣例而言，在泰國是男性長子優先繼承王位，不過因為國王也可以指定繼承人，所以也有可能會出現女性國王。事實上，在過去就有人認為蒲美蓬．阿杜德國王會指名詩琳通公主為繼承人，她不僅高學歷又博學，個性也落落大方，博得了相當高的人氣。

扎克里王朝簽不平等條約，為了泰國獨立

直到今天，泰國街頭仍處處都掛著蒲美蓬・阿杜德前國王的肖像。蒲美蓬・阿杜德受到了國民廣大的支持，在位長達七十年之久。

戰後，泰國的軍隊多次發動政變，但蒲美蓬・阿杜德國王巧妙的調停政權與軍隊之間的對立，阻止政變越演越烈。沒有人能反抗國王的「聖旨」。由於國王的運籌帷幄，不僅維持了國家的治安，也讓泰國逐漸邁向民主化，達成了經濟發展。

蒲美蓬國王有時甚至會嚴厲斥責政治家。比方說針對曼谷的交通堵塞問題，他就曾說過：「你們只是關起門來議論，根本沒有提出什麼有效的方案。」當泰國發生洪水災害時，他也批評：「這麼慢才做出應對，到底是在搞什麼！」

泰國有三個主要的統一王朝（參照圖19-1）。阿瑜陀耶王朝的武將帕佛陀約華朱拉洛（拉瑪一世）集結了泰國人的勢力，在十八世紀時建國。目前的王朝是扎克里王朝，其首都在曼谷，因此又被稱為曼谷王朝。除此之外，王宮和運河都在被昭披耶河環繞的拉達那哥欣島上，所以也被稱為拉達那哥欣王朝。從拉瑪一世到現任國王瑪哈・瓦集拉隆功（拉瑪十世），扎克里王朝已經持續了十代國王。

在十九世紀第四代國王蒙固（拉瑪四世）的時代裡，受到西歐化的影響推動近代

圖 19-1　泰國主要的統一王朝

王朝名	建國	特徵
素可泰王朝	1257 年	以北部為中心的鬆散聯邦。
阿瑜陀耶王朝	1350 年	王權強大化，海洋貿易興盛。
扎克里王朝	1782 年	與英國合作同時維持獨立。

改革，一八五五年締結英泰通商條約。這雖然是不平等的條約，但拉瑪四世對列強讓步，是為了保全國家的獨立。

朱拉隆功大帝（拉瑪五世）被認為是泰國史上最偉大的君主。他不斷致力於維持泰國的主權獨立與近代化，儘管承認領土割讓給英國與法國，但同時也利用了這兩國的對立，成功維持了泰國的獨立。

在全世界陷入經濟大恐慌之際，泰國其實也陷入經濟困難。在這樣的背景之下，**一九三二年**，人民黨發起立憲革命。於是泰國制定國家的第一部憲法，**國王拉瑪七世承認了君主立憲制度**。泰國的君主專制終於告一段落，這場立憲革命也讓泰國邁出了近代化實質上的一大步，是一場在獲得了國王的理解之下進行的穩健改革。

一九三八年，在立憲革命中相當活躍的政治人物鑾披汶・頌堪成為總理，任期橫跨戰前與戰後，掌握了極大的權力。

柬埔寨雖成為法國殖民地，但王仍在

東南亞國家協會（ASEAN）的加盟十國中，只有泰國、柬埔寨、馬來西亞和汶萊四個國家還留有王室。

柬埔寨在九世紀初期成立高棉王朝，在十二世紀到十三世紀到達全盛時期，建立了吳哥城。十四世紀吳哥城被攻陷，高棉王棄守吳哥城，高棉王朝變得有名無實，但是王族後代仍然繼承血脈，因此今天的柬埔寨國王仍被尊為「偉大高棉王朝的後裔」。但是實際上卻缺乏史料去證明，而且還有一些問題待解，讓人無法判斷高棉王的血統究竟是如何被繼承下來的。

柬埔寨在一八八七年成為法國殖民地，但是王室卻被保留了下來。一九四一年，國王諾羅敦・施亞努即位，主導了獨立運動。一九五三年，柬埔寨獨立成為王國，諾羅敦・施亞努國王被稱為「獨立之父」，贏得國民的尊敬。

受到鄰國越南戰爭的混亂影響，一九七〇年，柬埔寨的一場政變推翻了君主制，國家陷入了內戰。內戰時，惡名昭彰的波爾布特樹立共產主義政權，與諾羅敦・施亞努等國王派系產生了激烈的對立；儘管如此，波爾布特仍是對諾羅敦・施亞努表達了敬意，尊稱其為「陛下」。

圖19-2　東南亞國家聯盟（ASEAN）的成員國

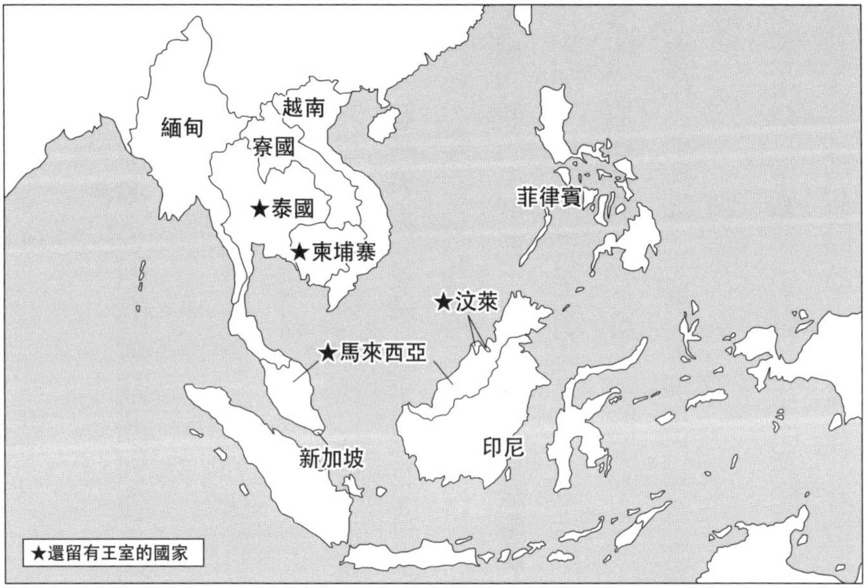

經過了長達二十三年內戰的混亂，到了一九九二年，柬埔寨終於透過國民議會選舉產生了民主政權，諾羅敦・施亞努再度即位為王。

在二〇〇四年，諾羅敦・施亞努將王位讓給兒子諾羅敦・西哈莫尼。二〇一八年，洪森政權（按：洪森是柬埔寨首相）訂立對國王的不敬罪。洪森政權在大選中獲得壓倒性勝利，鞏固了獨裁的權，並與西哈莫尼國王聯手合作。因此也有人擔心不敬罪會被用來封住那些批判政治的人士的嘴巴。

順帶一提，柬埔寨的憲法中

明文規定「女性不能擔任國家元首的職位」，因此被認為女性並沒有繼承權。

東南亞王室很多，但都被歐洲列強消滅

馬來西亞曾是英國的殖民地，在一九五七年獨立，並擁立了新的國王。馬來西亞的國王是由擁有君主的「州屬」透過選舉所選出來的，任期為五年。由於過去馬來西亞是由聯邦制的小王國所構成的，所以採用了**選舉式的君主制**。

馬來西亞是君主立憲制，國王只有名目上的權限（虛位君主）。首任元首是端姑阿都．拉曼，到今天的蘇丹穆罕默德五世（二〇一六年～），已經持續了十五代。

馬來西亞的王室**並不是以歷史性血統傳承的王室**。過去馬來西亞曾有強大的馬六甲蘇丹王朝。馬六甲蘇丹王朝建立於十四世紀，是東南亞第一個伊斯蘭國家，因擁有馬六甲海峽的地利之便，成為東南亞的貿易中心，國力相當興盛。馬六甲蘇丹王朝以伊斯蘭教為基礎，與印度、中東、非洲東岸相互聯繫，掌控了亞洲的海上貿易，發展為強大的王國。

馬六甲蘇丹王朝在十五世紀後半達到全盛時期，其領域擴及爪哇島、整個馬來半島南部及印尼蘇門答臘島東部。但在一五一一年，葡萄牙人占領馬六甲，王國因此滅

亡。十七世紀時，又遭到荷蘭統治，十九世紀再度被英國所統治。

汶萊王國在十五世紀時統治婆羅洲（加里曼丹島）北部。當時汶萊王國既缺乏資源、人力，因此沒有受到歐洲列強的青睞，因此僥倖存活了下來。到了十九世紀後半，成了英國的殖民地。

一九二九年，汶萊發現了石油田，英國因此加強統治汶萊王國。直到一九八四年汶萊完全獨立為止，大部分油田的權利都掌控在英國手中。後來因實際執行汶萊經濟行政的 Crown Agents（英國中央銀行出資的銀行）發生負面新聞，使得英國被迫讓出在汶萊王國的權利，且必須承認其獨立。

獨立後，汶萊王室一手掌握了油田和天然氣的權利。汶萊王室至今仍坐擁廣大資產，成為僅次於泰國王室的世界排名第二富有的王室，其金額據說高達兩百億美元（約新臺幣六千兩百億元）。汶萊國王到海外投宿時，會將飯店整個樓層都包租下來。

目前在任的國王是第二十九任的哈山納・包奇亞。**汶萊國王擁有政治上的獨裁權，是絕對君主制**。

東南亞各國原本都是王國，不過如下頁圖19-3所示，大部分都被歐洲列強所滅。

其中的代表就是緬甸的貢榜王朝。武將阿朗帕亞（原名雍籍牙）於一七五二年統一緬甸各民族，創立了貢榜王朝（雍籍牙王朝）。貢榜王朝日漸強大，到了一七六七年

圖 19-3 滅亡的東南亞王朝

國家	王朝	滅亡時期	原因
馬來西亞	馬六甲蘇丹王國	1511 年	被葡萄牙侵略
印尼	馬打藍王國	18 世紀	被荷蘭侵略
緬甸	貢榜王朝	1886 年	被英國合併
寮國	瀾滄王國	18 世紀	分裂
越南	阮朝	1945 年	政變、退位
菲律賓	沒有王朝	16 世紀	被西班牙統治

阿朗帕亞兒子的時代裡，打倒了泰國持續四百多年的阿瑜陀耶王朝。貢榜王朝也和中國清朝發生了戰爭，平定了緬甸北部的各民族，形成緬甸史上最大的版圖，透過與印度的交易，經濟也有相當的發展。

但是貢榜王朝在與英國之間的戰爭失敗，一八八六年被英國納入英屬印度帝國的一省。末代的錫袍國王被幽禁在印度的孟買度過餘生。

越南對中國以外的國家自稱帝國

越南會自稱帝國，是為了與中國對抗。越南王朝緊鄰中國，是處於會直接被中國侵略的地理位置。因此越南最重要的國家政策，就是不向中國屈服。這一點與成為中國屬國的朝鮮王朝非常的不同。

越南王朝將中國稱為「北朝」，將自己稱為「南朝」。將「南朝」自己的君王稱為皇帝，可說是理所當然的。

由於越南有這股旺盛的氣勢，越南第一個統一的王朝李朝，在十世紀就擊退中國宋朝的入侵；在十三世紀，陳朝甚至擊退了中國元朝忽必烈三次的入侵。一四二八年，成功抵抗中國明朝統治的黎利在越南首都河內即位，建立黎朝大越，領土包括整個越南南部。越南的歷代統一王朝為「李朝→陳朝→黎朝」。

但是越南並非總是和中國處於敵對的狀態。一八〇二年，黎朝的重臣阮氏家族的阮福暎建立了阮朝，並設越南中部的承天府（今天的承天順化市）為首都。阮朝的政治基底相當脆弱，因此承認中國清朝為宗主國，並受其保護。

儘管如此，越南對中國以外的周邊國家以及英國、法國等列強都自稱「大南國大皇帝」。但另一方面，他卻對中國清朝有所顧忌，自稱是「越南國王」，真的是相當會看對象說話。

除了越南之外，寮國與緬甸、泰國等也多次受到中國的侵略，但其他國家卻不像越南一樣對中國有對抗的心理，君主也沒有自稱是皇帝。由於許多中國人移居越南，將中國文化帶進去的關係，越南也屬於漢字文化圈，並採取了儒家思想與科舉等制度。因為地理位置，越南被迫、不得不時時刻刻意識到中國這個強大的存在。

十九世紀後半，法國進入越南，在一八八七年越南成為了法國殖民地。雖然越南成了法國的殖民地，但法國仍允許阮朝繼續存在。

越南的末代皇帝，保大帝鬥輸胡志明

保大帝是阮朝帝十三位，也是最後的皇帝。他曾到法國留學，這是為了讓越南從法國獨立。一九二六年即位後，他嘗試進行各種改革，但行政的實權仍掌握在法國手上，阮朝皇帝實際上沒有什麼力量。

在第二次世界大戰時，日本進駐越南，為了驅逐法國勢力，保大帝對日本提供了協助，並且得到日本的支援，對法國宣布獨立，並建立了越南帝國。但是這時越南的共產主義者胡志明透過獨立鬥爭獲得了民心，而保大帝因長期都只是法國傀儡，所以人們早就對他失去了忠誠心。

日本戰敗後，胡志明發起八月革命，企圖以實力獲得政權。因保大帝屈服於胡志明的勢力，最後自行宣布退位，阮朝一四三年的歷史終於落幕。保大帝為了逃命，流亡到英屬香港。

胡志明宣布樹立越南民主共和國（北越）。一九四六年，法國企圖重新統治越南，發起了北越與印度支那戰爭，這時候保大帝又再度被法國利用了。法國強迫保大帝在一

圖19-4　保大帝
約攝於 1930 年，於承天府皇宮。保大帝年輕時曾有段時間對政治相當積極，但隨著意識到自己的無力，漸漸開始沉迷於玩樂，因此失去了民心。

九四九年回到越南，並成為南越的臨時國家元首。

北越軍部隊追擊法軍，在一九五四年簽訂了《日內瓦協定》（中南半島停戰協定）從南越撤退。保大帝不只被法國過河拆橋，人民對他也相當反感。

吳廷琰總理為了讓保大帝下臺，在一九五五年舉行了公民投票。投票結果是人民壓倒性支持去除保大帝國家元首的地位，保大帝的身分因此被廢除。

從此，保大帝流亡到法國，在法國度過了餘生。一九九七年，他去世於巴黎的陸軍醫院。

20 沒資格稱「汗」就稱帝：蒙古人曾強到嚇壞你

我認為史上最強且地位最高的君主，毫無疑問的是清朝的乾隆皇帝了（一七三五年至一七九六年在位）。除了乾隆帝之外，清朝皇帝除了是中國皇帝之外，還擁有「汗」的地位。

「大汗」是亞洲游牧民族對君主的稱號。十三世紀成吉思汗在歐亞大陸建立了大國，他後代子孫就是大汗。目前一般都會把游牧民族的君主稱為「汗」，不過這是從西方傳回來的發音翻譯，實際的發音比較接近「可汗」。

汗與大汗在意義上是不同的。汗指的是一般的君主（相當於國王等），但大汗卻是最高君主（大王）。成吉思汗雖稱汗，但說到他的兒子，也就是成為蒙古帝國第二代君主的窩闊台，一般都會使用與汗地位不同的大汗。

大汗的稱號只有窩闊台可以使用，其他的兄弟和家族中的其他人如察合台、朮（音同竹）赤、忽必烈、旭烈兀等用的都是汗。其後，忽必烈繼承了大汗的地位，就從汗升

圖20-1　《乾隆皇帝》，1758年郎世寧繪，藏於北京故宮博物院。在乾隆皇帝的年代裡，中國總人口數達到三億人，占世界 GDP 的約 25%。這個數字比當時歐洲所有國家的總合都還要大。

格為大汗。此後，由忽必烈建國的王朝皇帝也都繼承了大汗的地位。

蒙古第三十五任大汗林丹汗被認為繼承了成吉思汗家孛兒只斤氏的血統（按：成吉思汗統一蒙古後規定，只有本家的嫡系後裔，才有繼承蒙古大汗及留在蒙古本部的資格，而孛兒只斤氏是蒙古科爾沁一脈，源於成吉思汗的弟弟哈布圖哈薩爾），他被清朝的皇太極打敗，**林丹汗之子額哲在一六三五年交出元朝的玉璽，正式降伏清朝。從此由皇太極繼承了大汗的地位。**

在一百年後，乾隆皇帝的年代裡，清朝又征服了蒙古的準噶爾地區、住在中亞東土耳其斯坦的維吾爾族人，征服了整個蒙古，是名實兼具的「清朝皇帝身兼大汗」。

十八世紀的清朝在康熙皇帝、雍正皇帝、乾隆皇帝的年代裡達到全盛時期，包含西藏在內，形成了歷代中國王朝以來最大的版圖。以這層意義來說，乾隆皇帝可以說是最強且地位最高的君主。

帖木兒帝國裡沒有大汗（大王）

十四世紀中期，成吉思汗的後代所繼承的國家逐漸衰退，在各地漸漸消失。而元朝則是被朱元璋的農民叛亂軍所驅逐。中亞與東亞的窩闊台汗國、察合台汗國、伊兒汗國等位於歐亞大陸的汗國，都在十四世紀末被帖木兒汗國所合併統治（欽察汗國後來分裂，最後亡於莫斯科大公國）。

帖木兒帝國由帖木兒所建立，他是土耳其人與蒙古人的混血兒，但自稱是成吉思汗的後代，因受到蒙古人的支持而擴張勢力，所以帖木兒帝國也可說是蒙古人的政權。帖木兒集結了衰退後的蒙古人勢力，讓蒙古帝國得以復興。

因此察合台汗國與伊兒汗國等蒙古政權，與其說是被消滅，還不如說是因為帖木兒帝國而停止了發展。

帖木兒帝國是伊斯蘭教國家，首都位於絲路的要衝「撒馬爾罕」（烏茲別克西方的都市），得以控制絲路。隨著東西貿易的發展，帝國也迅速崛起。一四〇二年的安卡拉之戰，帖木兒帝國與鄂圖曼帝國對抗，甚至快要讓鄂圖曼土耳其帝國滅亡。

圖20-2　帖木兒帝國領域

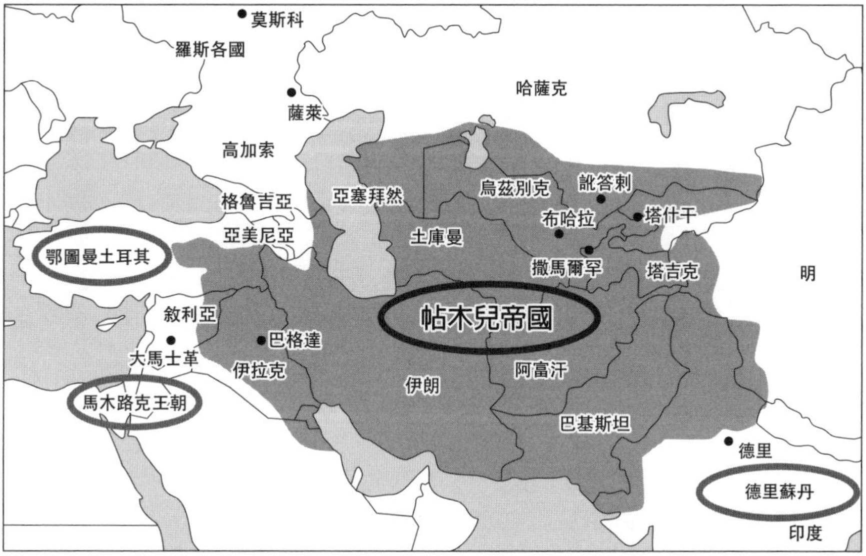

帖木兒雖然自稱是成吉思汗的後代，但他並沒有繼承成吉思汗的血脈，因此**既無法成為大汗，也無法成為汗**，只能被稱為是「埃米爾」。埃米爾在伊斯蘭教裡，狹義上的意義代表將軍、總督，廣義上則有國王的意思。也就是說，帖木兒帝國的歷代君主都是繼承埃米爾的地位。

此外，帖木兒與成吉思汗家族孛兒只斤氏的公主結婚後，又多了一個「駙馬帖木兒」的稱號。帖木兒帝國的歷代君主們，因為都與繼承孛兒只斤氏血脈的公主結婚的緣故，藉此加強了血統的正統性。

帖木兒帝國的君主們都是埃米

爾，因此本來不應該算是「帝國」，但是帖木兒帝國統合了蒙古的各個汗國，又統治了中亞到東亞的廣大疆域，所以一般都認為可以被稱為「帝國」，這也可以算是習慣性的稱呼。

中亞無法發展，帖木兒王朝改朝印度前進

到了十六世紀，大航海時代正式到來，陸上絲路逐漸衰退。以絲路貿易為收入來源的帖木兒帝國也跟著衰退。後來，帖木兒帝國受到中亞土耳其系的烏茲別克族侵略，因此捨棄了首都撒馬爾罕。

這個時候，出現了一位名為巴布爾的王族，他是帖木兒之後的第五代直系後代。巴布爾捨棄了逐漸無法獲利的中亞，開始往資源豐富的印度前進。

西北印度從十三世紀初開始，就有以德里為首都的德里蘇丹王朝，在三百年間，德里蘇丹王朝反覆興亡，政權極不穩定，社會也十分混亂（按：德里蘇丹王朝共有五個王朝，依序分別是庫特布沙希王朝、卡爾吉王朝、圖格魯克王朝、賽義德王朝、洛迪王朝）。在德里蘇丹王朝最後的洛迪王朝時代裡，**巴布爾趁著內亂，越過開伯爾山口**，入侵印度西北部的旁遮普地區，在一五二六年的帕尼帕特戰役中，擊敗洛迪王朝的大軍，

占領了德里，**建立了蒙兀兒帝國**。

蒙兀兒這個名稱來自於波斯語「蒙古」的發音。誠如前面所說，帖木兒帝國是蒙古人政權。帖木兒帝國的王族巴布爾是蒙古人政權的繼承人，因此巴布爾建立的政權稱為蒙兀兒。從成吉思汗開始，蒙古人勢力的大移動，已經在十六世紀巴布爾的時代到達了印度。

印度從古代到中世紀，一直由信奉佛教的統一王朝所統治。孔雀王朝（成立於西元前四世紀）、貴霜王朝（成立於一世紀）、笈多王朝（成立於四世紀）、普西亞布蒂王朝（成立於七世紀）等四個統一王朝在中世紀期間相繼興滅。

在普西亞布蒂王朝之後，印度陷入分裂時代，直到十六世紀，才由蒙兀兒帝國再度統一。

巴布爾：沒資格稱汗，那我就稱帝

蒙兀兒帝國的歷代君主，從開國君主巴布爾開始，都被稱為皇帝。巴布爾的祖先帖木兒帝國的君主都只能稱為埃米爾，甚至連汗的地位都沒有。但究竟是有什麼樣的來由，讓巴布爾成為了皇帝呢？

圖20-3　《查希爾丁．穆罕默德．巴布爾》，16世紀
巴布爾自傳插圖。巴布爾以印度為目標時，家臣等皆表示反對，但巴布爾卻置反對而不顧。征服印度後，家臣表達想要回到故鄉的願望，但巴布爾卻堅持：「這就是你們的故鄉」。

一五〇七年，帖木兒帝國受到土耳其系烏茲別克族大規模的入侵，構成了事實上的滅亡。隔年，巴布爾率領了帖木兒帝國的殘存勢力，成為了帖木兒家族的大家長。這時候，巴布爾自稱是「帕迪沙」（padishah），這個詞在波斯語裡意思是皇帝，顯示了巴布爾想復興帖木兒帝國的野心。

儘管知道了巴布爾的雄心壯志，但他憑什麼當上帕迪沙？最初稱呼自己為帕迪沙的是伊兒汗國的合贊。伊兒汗國是成吉思汗的孫子，也是忽必烈之弟旭烈兀在中東所建立的國家。合贊是伊兒汗國的第七任君主，所以他當然是成吉思汗直系的後代。

一二九五年，合贊即位成為汗，並正式訂伊斯蘭教為國教。這時候，合贊企圖成為伊斯蘭的最高君主，因此自稱帕迪沙。

而帖木兒帝國繼承了伊兒汗國，帖木兒的歷代君主又反覆與成吉思汗的直系後代進行通婚，因此被稱為駙馬。帖木兒王族**的巴布爾既是伊兒汗國的後代又是駙馬**，因此一般認為巴布爾確實**有資格被稱為帕迪沙**。

但這是巴布爾在當時為了對抗烏茲別克族時所想的計謀，其中有很強的政治意圖，不能說他有很充分可以繼承帕迪沙的正統性。當時率領烏茲別克族的昔班（成吉思汗的孫子）用的稱號是汗。

無論如何，巴布爾都是帕迪沙（皇帝），而他所建的蒙兀兒帝國是「帝國」，所以蒙兀兒歷代的君主繼承的都是皇帝的地位。

蒙兀兒皇帝有多狂？睥睨鄂圖曼皇帝和英國國王

蒙兀兒帝國的第三代皇帝阿克巴實行一項政策：與當地印度教徒融合，讓帝國得以大大的發展。阿克巴在一五五八年，將首都遷往德里南方的阿格拉。

第四代皇帝賈漢吉爾非常喜歡繪畫，因此命人繪製許多蒙兀兒繪畫。蒙兀兒繪畫是從伊朗纖細畫（miniature，始於《古蘭經》的邊飾圖案。主要用作書籍插圖及封面和

圖20-4　賈漢吉爾皇帝重視蘇非更勝其他國王。1615～1618年比基特繪，藏於史密森尼學會佛利爾美術館。天上的天使遮住眼睛，不知為何而哀愁，而沙漏中的沙也幾乎已流到下方，是一幅留有許多謎題的作品。

扉頁上的裝飾圖案）發展而來的，是一種寫實的繪畫。

圖20-4，描繪的是賈漢吉爾坐在位於巨大沙漏上的王位。沙漏顯示了皇帝有掌管時空的權威。畫面左邊安排了四個人物，最上方的是伊斯蘭教的神祕主義者蘇非，代表帝國是由伊斯蘭的理念所統治的。賈漢吉爾位居一個崇高的位置，向下看著地位比世俗國王更崇高的伊斯蘭神職人員。

下方是鄂圖曼土耳其帝國的蘇丹（皇帝）。當時被視為是伊斯蘭教國家中最強的鄂圖曼土耳其帝國，也被放在比蒙兀兒帝國的皇帝更低的位置。再下面畫的是英國國王詹姆士一世。一六一五年，當英國使節到訪蒙兀兒帝國時，帶來了國王的肖像畫。那幅英國國王肖像畫，是宮廷畫家約翰・德・克里茨的作品，以此被當作範本畫進了賈漢吉爾的肖像畫中。

圖20-4是這幅畫的畫家比基特（Bichitr）繪製。這個作品充分的傳達了偉大蒙兀兒帝國皇帝的權威。

蒙兀兒帝國一直持續到第十七代皇帝巴哈杜爾·沙二世。十八世紀後，英國統治印度，命令印度生產棉花、茶葉和鴉片等商業作物，不斷提升利益。在一八五七年，反抗英國統治的印度人勢力，推舉出巴哈杜爾·沙二世作為領導，抵抗英國。

英國鎮壓了叛亂，逮捕巴哈杜爾·沙二世，並將他流放到緬甸仰光。自此蒙兀兒帝國滅亡。

英國持續強化對印度的統治，到了一八七七年，維多利亞女王成立了印度帝國，自己身兼印度帝國的皇帝。英國統治的印度帝國一直持續到印度巴基斯坦獨立為止。

中亞之雄、烏茲別克三汗國

等帖木兒帝國的勢力離開了中亞之後，率領烏茲別克族的昔班開創了昔班王朝，並被稱為汗。昔班被認為是成吉思汗長子朮赤的兒子，但該王朝帶領的烏茲別克族屬於土耳其民族，所以並沒有成吉思汗等蒙古系的血統。

圖20-5 中亞勢力演變

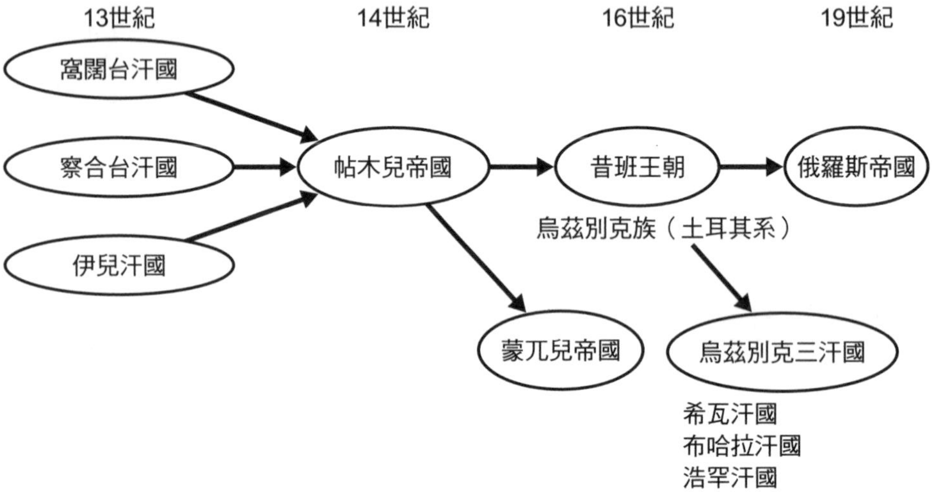

昔班王朝的首都在布哈拉（烏茲別克中部的都市），以此為中心在十六世紀末達到了全盛時期。這個地區就是今天被稱為「斯坦國」（國名的發音結尾都是斯坦）的區域，有土庫曼、烏茲別克、吉爾吉斯斯坦、哈薩克斯坦、塔吉克、阿富汗等國家的領域。這裡的「斯坦」在波斯語當中意味著「聚集的地方」、「某種東西很多的地方」。

昔班王朝在後來分裂為希瓦汗國、布哈拉汗國、浩罕汗國。這三個國家被總稱為烏茲別克三汗國（見圖20-5）。這三個汗國都是各有最高地位的汗為政的武人政權。三大汗國各自擁有強大的國力，不屈服於伊斯蘭教世界盟主的鄂圖曼土耳其帝國或伊朗王朝，持續存活了下來。

但是政治內部依然存在著封建主義，只有部分的特權階級才能享受富有的生活。因此當十九世紀後半，已經近代化的俄羅斯帝國南下後，三大汗國幾乎沒有力量抵抗，很快就被俄羅斯征服了。

俄羅斯帝國的統治相當苛刻，三大汗國的王族幾乎都被處以極刑。直到二十世紀，蘇聯也繼承了對這些地區的統治，人民被當成奴隸般，受到殘酷的對待。這讓人們就算想要緬懷這些過去曾牽動世界的「汗」的偉業，也沒有辦法了。

尼泊爾人民廢止君主制

二〇〇一年，尼泊爾發生了世界的王室史上前所未有的慘劇。這樁慘劇就是國王的家族成員都遭到槍殺的「尼泊爾王室槍擊事件」。

當時的王太子（王儲）狄潘德拉，愛上與王室有敵對關係的家族的女性，而遭到父母反對。在王室的晚宴席上，王太子與國王夫婦因這問題起了很嚴重的口角，國王甚至威脅王太子要取消他的王位繼承權。過沒多久，王太子穿著軍裝帶著手槍回到宴會上，槍殺家族成員後自殺。在這個事件中總共有十人死亡，五人受傷。

圖20-6　尼泊爾、不丹周邊地圖

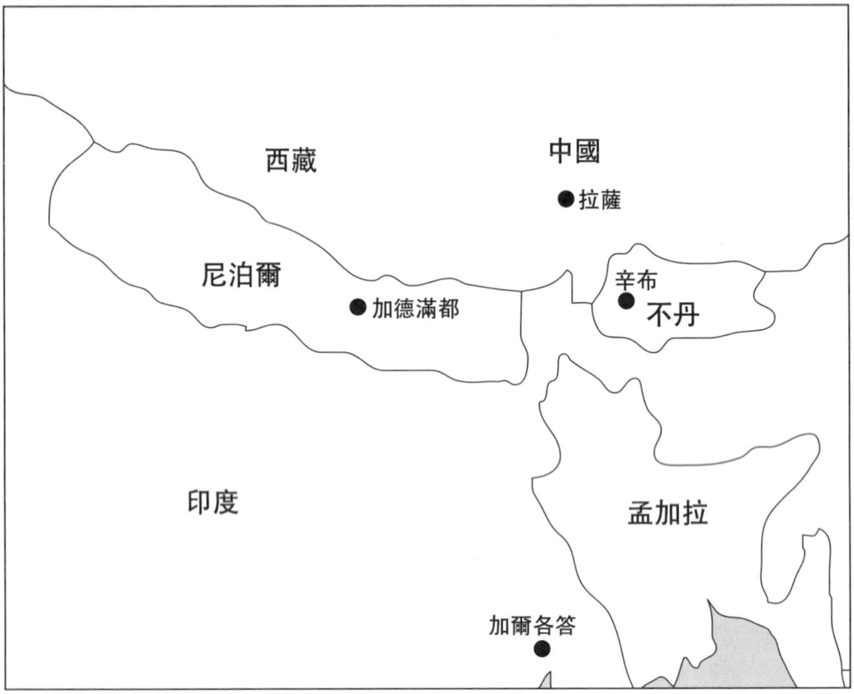

但是這個事件仍留有許多疑點，究竟王太子本人是不是真正的犯人，不得而知。此事件過後，王太子的叔叔賈南德拉立刻登基成為國王，因此也有人說是賈南德拉為了成為國王而引起的政變。

二〇〇五年，賈南德拉國王在單方面解散內閣，企圖進行獨裁政權。此舉招來了尼泊爾人民的憤怒，發起民主化運動，並恢復內閣，在二〇〇七年甚至要求

廢止君主專制。最後**尼泊爾終於成為了共和制國家**。

尼泊爾在十五世紀建立王朝，地方民族的勢力很強大，長期處於分裂的狀態。到了十八世紀終於出現了統一王朝：廓爾喀王朝（沙阿王朝）。這個王朝一直到末代國王賈南德拉為止，總共持續了十二代國王。

十八世紀末，併吞了西藏的中國清朝入侵尼泊爾王國。清朝進攻到首都加德滿都近郊，尼泊爾王國因此降伏，成為清朝的屬國。

到了十九世紀，英國從印度北上，進攻尼泊爾。尼泊爾因此把土地割讓給英國。第一次世界大戰之後，一九二三年，英國承認了尼泊爾王國獨立。這是因為英國必須集中對抗印度的獨立運動，不得已只能放棄尼泊爾的緣故。

號稱最幸福的國家其實不幸福

不丹王國曾因是「最幸福的國家」而紅極一時。目前的國王吉格梅．凱薩爾．納姆耶爾．旺楚克的父親，也就是前任不丹國王吉格梅．辛格．旺楚克為了取代GDP（國民生產總值），祭出了新的指標GNH（Gross National Happiness，國民幸福總值）。

與其他重視GDP的各國不同，不丹王國企圖**用GNH追求精神上的富足**。但

我認為這只不過是充滿偽善與欺瞞的政策罷了。不丹是世界上最貧窮的國家之一，為了掩蓋國家GDP數字的低下，因此創造出了GNH這種基準不清不楚的指標，企圖收買國民的民心。

二〇一一年，吉格梅・凱薩爾・納姆耶爾・旺楚克國王訪日時，日本的左派勢力也大大的吹捧GNH。

但是，不丹王國的首都辛布到處都是有毒癮的年輕人和酒精中毒者。也有報告顯示，因酒精造成的肝功能障礙，是辛布各大主要醫院死因的前幾名。不丹的失業率與犯罪率都很高，而且只升不降。不丹人口雖不到七十五萬，但若政府持續對政治現狀放任不管，只看GNH，狀況只會越來越嚴重。

十七世紀，西藏佛教的僧侶統一了不丹，創建了王朝。但是因為內亂不斷，又受到西藏的侵略，不丹只能降伏於西藏。一七一四年，在與西藏達賴喇嘛政權戰爭時，因戰勝而從西藏獨立。但清朝仍把不丹視為是西藏的一部分，主張擁有不丹，視不丹為清朝屬國。

十九世紀，英國將不丹視為保護國，讓不丹從清朝手中獨立，東部地方的領主烏顏・旺楚克成為國王。從烏顏・旺楚克開始計算，現在的國王吉格梅・凱薩爾・納姆耶爾・旺楚克是第五代國王。

一九四七年，隨著英國承認印度的獨立，同時也放棄對不丹的保護權。不丹王國目前仍是君主立憲制。

第九章

中東簡史：看過這章，高中老師沒你懂

21 一國一個家族專制，阿拉伯春天來了嗎？

沙烏地阿拉伯的首任國王伊本．沙烏地（Ibn Saud）總共有八十九個子女（五十二個兒子、三十七個女兒）。在伊本．沙烏地七十一歲時，他最後一個兒子才剛出生。沙烏地阿拉伯有一百個以上的主要部族，每個主要部族裡都有他的妻子，因此他實際上的子女比正式數字的八十九人還要多，我想就算有兩、三百人大概也不奇怪。

沙烏地阿拉伯是極端的父權主義社會，關於女性的資訊很少被公開，所以沒有人知道伊本．沙烏地實際上究竟有多少個妻子。但是無論如何，那個數字都是很異常的。

伊本．沙烏地的身高有二〇七公分，是位彪形大漢。他統一了沙烏地阿拉伯，在一九三二年建立了沙烏地阿拉伯王國。現任國王薩勒曼是伊本．沙烏地的第二十五個兒子，成為了第七代國王。

在此之前，都是由伊本．沙烏地的兒子們，也就是薩勒曼的兄弟們繼承王位，但這次薩勒曼國王立了自己的兒子穆罕默德為王太子（王儲），也就是說，這是首次預計由

圖21-1　伊本・沙烏地與當時的美國總統小羅斯福
1945 年於蘇伊士運河。伊本・沙烏地巧妙的與英美合作，逐漸鞏固王國的統治權。

伊本・沙烏地的孫子輩繼承王位。

薩勒曼國王曾在二〇一七年三月訪日。他率領了包含王族、相關閣員和國王的僕人等，高達一千人以上的超大規模參訪團，動用了十架飛機。除此之外，還包下了東京都內超高級飯店裡的一千兩百間以上的房間、並使用了超過五百輛的大型高級車。

當薩勒曼國王從飛機下到地面時，他是不用普通階梯的。他使用的是國王專用的電梯。只能說他不管在什麼方面格局都很不一般。

什麼是「租金國家」？

沙烏地阿拉伯的王族，包含了伊本・沙烏地和他的八十九位子女及其家族，總共高達數千人以上。他們擁有歐洲的城堡與宮殿、僱用高級飯店裡的主廚到自家服務，以生活奢華鋪張而聞名。沙烏地阿拉伯的王族尤其喜歡法國，近年來拚命搶購法國的不動產。二〇一七年，一位公主花了三千萬美金買下法國高級大樓中的一個房間，在當時也蔚為話題。

他們在沙烏地阿拉伯國內，也擁有極盡奢華的宮殿與離宮。據了解，沙烏地阿拉伯王室的資產約有一百八十億美金（約新臺幣五千五百五十七億元），繼泰國王室、汶萊王室之後，王室富有的程度排名世界第三。

沙烏地阿拉伯王室的財源來自石油。根據二〇一七年的資料顯示，沙烏地阿拉伯的年石油產量有五十六億一千七百一十六萬噸，位居世界第二，世界第一的美國年產量為五十七億一千零三十五萬噸。王室掌握了石油財富的權利。但是由於近年原油價格持續低迷，王室財政也開始緊絀。

沙烏地阿拉伯是君主專政，國家財政主要都是由王室經營。由於財政緊縮，公共事業的預算被大幅裁減，輔助金與公務員的數量也被削減。有觀察家推測或許支付給王族的年金也被縮減了。

沙烏地阿拉伯這種由國王管理石油等天然資源，再將利益分配給國民的國家稱為租金國家（renttier state）。英文的「renttier」指的是「不勞所得者」，阿拉伯半島上所有的君主國家都是「租金國家」。

國王承諾了國民會有舒適的生活，並會分享石油的收入。他們不但經營公共事業、充實社會福利，醫院與教育也是免費的。稅金極低廉，各種輔助金、年金等福利也很豐富，水電費等公共費用幾乎與免費沒有什麼兩樣。人民就算不工作也能生活，因此被稱為租金國家（食租的國民）。

在另一方面，人民也不得不服從國王的命令，因此沙烏地阿拉伯的國王擁有絕對的權力。

儘管租金國家非常富有，但是大部分的人民都還是沒有工作，依舊相當貧窮。只有公務員的薪水異常的高，所以有少部分的人民非常富裕，但其他大部分的人民卻並非如此。

與王族的傲慢抗戰的穆罕默德王子

由於原油價格的低迷，造成沙烏地阿拉伯的經濟惡化，人民變得越來越貧窮。據說王族因為怕被國民批判，就將資產都藏在瑞士的銀行裡。沙烏地阿拉伯的人民累積了許多對王室的不滿，就像二〇一一年的革命浪潮「阿拉伯之春」一樣，抗議行動很有可能會成為導火線。

薩勒曼國王的兒子穆罕默德王子（全名是穆罕默德・本・沙爾曼・本・阿卜杜勒－

阿齊茲．阿勒沙特）對王族的傲慢抱有強烈的危機意識，他甚至獨斷的企圖改革。

薩勒曼國王年事已高，傳言他的健康狀況有問題。薩勒曼打破了伊本．沙烏地的兒子有優先繼承權的規定，刻意立自己的兒子為王位繼承人。同時，又將強大的王族排除在政府要職之外。

薩勒曼國王這些措施，引起了王族強烈的反抗。二〇一七年，穆罕默德王子逮捕了部分涉嫌貪污收賄的王族，這些王族平常就對國王抱持著不滿，因此穆罕默德王子對這些反對改革的人也毫不手軟。

薩勒曼國王將全權都交給了穆罕默德王子，王子企圖打破僵硬的官僚體系，試圖擺脫大幅依賴石油的經濟，形成新的市場。其中一個開放政策就是承認女性開車的權利。此外，他將國營石油公司沙特阿美民營化，並計畫讓此公司上市。如果沙特阿美進入紐約或倫敦的股票市場，就會有監察介入，一但資金流入政府或王族很容易就會被發現，此舉因此引來了王族激烈的反對。

許多看法都認為薩勒曼國王差不多就要讓位給穆罕默德王子了。不過反體制派的記者賈邁勒．卡舒吉在二〇一八年十月於土耳其的沙烏地阿拉伯領事館被殺害的事件，遭媒體大幅報導與穆罕默德王子脫不了關係。

卡達「王」並非國王，而是埃米爾

穆罕默德王子和過去的伊本・沙烏地一樣，相當重視與美國的合作。沙烏地阿拉伯與東邊的伊朗處於敵對關係，長期持續對立。美國川普總統對伊朗也採取敵對的政策，與沙烏地阿拉伯的利害一致，因此給予全面的支援。

卡達的阿勒薩尼家族（House of Thani）不願意臣服於沙烏地阿拉伯的沙烏地家族。由於兩家的對抗，阿勒薩尼家族便與沙烏地家的敵手伊朗聯合，這種狀況一直持續到今天。

一八二五年，阿勒薩尼家族的薩尼・本・穆罕默德創建了薩尼王朝。阿勒薩尼家族的當家大族長並非國王，而是地位比較低一階的埃米爾（Emir）。雖然廣義埃米爾意味著王，但原本的意思只是總督、將軍而已。卡達的埃米爾在日本被翻譯為「酋長」。

卡達原本是阿拉伯聯合大公國（UAE）的成員國。一九六八年，英國宣布退出蘇伊士以東後，波斯灣沿岸的各個小酋長國就聯合起來，在一九七一年組成了阿拉伯聯合大公國。最初卡達也是成員國，但由於卡達與巴林石油生產量最多，他們判斷自己能單獨成功獨立，因此在阿拉伯聯合大公國成立之後立刻就退出了。

卡達的酋長因此成了獨立國家的君主，至今仍使用埃米爾的稱號。卡達正式的名

圖21-1 阿拉伯半島國家

稱是「卡達國」，並不是王國。現任的埃米爾是塔米姆·本·哈邁德·阿勒薩尼，已經是第八代君主。

卡達在二十世紀前半與其他的波斯灣沿岸國家相同，是英國的保護國。第二次世界大戰後，由於生產石油而開始發展，到了一九九〇年，卡達針對完全仰賴石油的經濟加以改革，對觀光產業也下了很大的功夫。因此首都杜哈十分熱鬧與繁榮。卡達的航空公司卡達航空近年來也有著跳躍性的擴大。

知名的衛星電視臺「半島電視臺」，就是由卡達王室出資設立的電視媒體。

巴林民主化，總督變國王

巴林與卡達一樣，在一九七一年獨立成為王國，位於波斯灣的巴林島是主要大島（其位置見下頁圖21-2），總共有三十三個大大小小的島嶼，是個島國。一開始巴林是「巴林國」，但並非王國。

巴林的君主阿勒哈利法家族（House of Khalifa），原本是卡達的貴族，但在十八世紀後進入了巴林島，並確立了巴林島的統治權。儘管曾受到伊朗的控制，但在十九世紀又成為了英國的保護國。

圖21-2 巴林周邊地圖

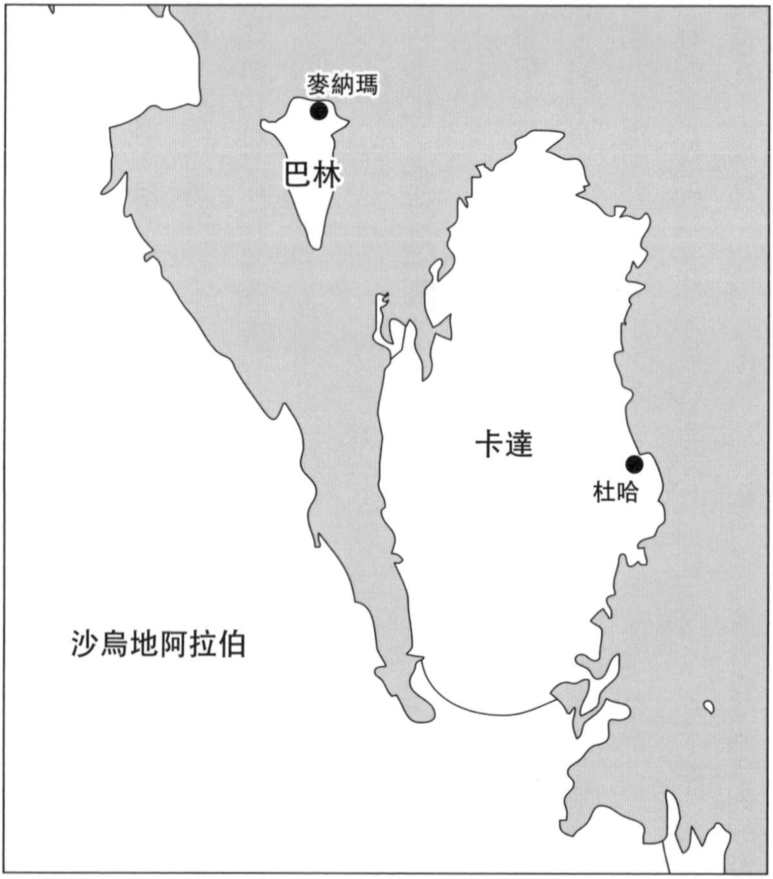

進入二〇〇〇年後，卡達興起民主化運動，極權專制被君主立憲制所取代，阿勒哈利法家族的大家長由埃米爾變成國王，儘管看起來像是地位升了一等，但失去了過去埃米爾曾經握有的絕對大權。不過國王仍然可以任命首相，也握有部分的軍事權，還是掌有一定的權力。與此同時，國名也在二〇〇二年從巴林國更改為巴林王國。

現任國王是哈邁德・本・伊薩・本・薩勒曼・阿勒哈利法，以國王來說是首任，但以阿勒哈利法家族的君主來說是第十一代國王。

科威特的現狀是絕對君主制

科威特的君主也自稱是埃米爾。因此和卡達一樣，科威特也是「科威特國」，而非王國。科威特由薩巴赫家族（House of Al Sabah）承襲歷代埃米爾的地位，直到今天。

薩巴赫家族是起源阿拉伯半島中央的豪族，十八世紀被沙烏地家族追趕而移居到科威特，成為了科威特的埃米爾。其後又被劃入鄂圖曼土耳其帝國的版圖中，到了十九世紀末成為英國的保護國。在第一次世界大戰中，鄂圖曼土耳其帝國敗北，原本是鄂圖曼土耳其帝國國土的伊拉克與科威特，就委任給英國統治（實質上成為了殖民地）。

一九六一年，科威特終於從英國獨立，成為君主立憲國家，目前的埃米爾是第十五代的薩巴赫四世。

但是科威特的君主立憲制只不過是名義上的，實際上仍然由埃米爾掌握了大權。一九八六年以後，薩巴赫四世單方面要求關閉的議會重開，興起了大規模的民主化運動，與政府產生相當激烈的對立。

鄰國伊拉克則是不斷要求返還因英美利益而被分割的科威特，並不承認科威特的獨立。一九九〇年伊拉克的總統海珊，趁著科威特民主化運動混亂之際，進攻並短暫的併吞了科威特。隔年，以美國為主的多國籍軍隊與伊拉克之間爆發波斯灣戰爭，迫使伊拉克軍隊退出科威特。

阿曼因掌握波斯灣而強大，英軍來了不稱帝

在過去，最強大的就是阿曼。阿曼擁有波斯灣的門戶荷莫茲海峽，掌控了整個波斯灣的制海權。除此之外，阿曼也能控制與波斯灣連結的印度航線、非洲航線，與印度和東非的海上貿易相當興盛。

十八世紀賽義德家族逐漸鞏固了在阿曼的統治權，一直發展到今天。十九世紀前半，阿曼控制了東非沿岸的貿易據點尚吉巴，並且併吞了東非沿岸部分的土地。他們建

圖21-3　阿曼帝國的版圖

立了一個橫跨阿曼與東非的海上帝國，名為「阿曼帝國」，而賽義德家族的君王則使用了「蘇丹」的稱號。

十九世紀後半，英國海軍進入此地，掌握了阿曼周邊的制海權後，阿曼的勢力開始急速衰退，也失去了對東非的統治權。一八九一年，終於成為英國的保護國。

一九七一年，阿曼從英國獨立。賽義德家族的大家長繼承了蘇丹的身分地位，實行絕對君主制，卻定國名為單純的「阿曼」，不再像過去一樣自稱是帝國。目前第十四代的蘇丹是卡布斯·本·賽義德·阿勒賽義德。

阿曼的蘇丹兼任首相、國防、外交、財務總長等，握有獨裁權。因此受到二〇一一年的「阿拉伯之春」浪潮影響，國內也開始反政府、民主化的運動。

22 這些王，都是穆罕默德後代，除了沙烏地

伊朗的領導者當中，有人裹黑色頭巾，也有人戴白色頭巾。至於現任的總統哈桑・羅哈尼則是戴白色頭巾。

伊朗除了總統之外，還有宗教上的最高領袖。跟總統哈桑不同，宗教領袖阿里・哈米尼裹黑色頭巾。在這裡補充一下，在哈米尼之前的最高領袖是「賽義德」魯霍拉・穆斯塔法維・穆薩維・何梅尼，他跟伊朗前總統穆罕默德・哈塔米都裹黑色頭巾。

伊朗是伊斯蘭什葉派的國家，對這樣的國家而言，黑色的頭巾具有極重大的意義，只有賽義德的法學家才能裹黑色的頭巾。**賽義德在阿拉伯文中表示「血統」，也意味著繼承了伊斯蘭先知穆罕默德的血脈。除此之外的人都只能裹白色的頭巾。**

但是這些人實際上是否是穆罕默德的後裔，根本無從考據。此外，界定賽義德的範圍與定義，也因時代與地域而有所差異。伊斯蘭世界和日本皇室不同，基本上不只承認男性繼承，漸漸的也開始認可女性繼承，因此繼承者的範圍也擴大許多。

阿布·貝克爾·巴格達迪自稱是伊斯蘭國家（IS）中的「哈里發」（伊斯蘭世界中宗教及世俗的最高統治者稱號），他頭上裹的是黑色頭巾，而且他同樣也認為自己是賽義德。

無論如何，在伊斯蘭世界中統治者所擁有的統治權，都是從先知穆罕默德這個單一起源發展而來的。因此，如果與穆罕默德有血緣關係的人，就擁有統治者的正統性的話，那麼賽義德的血統身分，自然在政治上會被重視。

伊斯蘭血統的依據

伊斯蘭創始人穆罕默德總共有十三位妻子與七個子女。但是兒子們都早夭，因此他指派女兒法蒂瑪（Fatimah）為繼承人。法蒂瑪與家族中的阿里結婚，生下哈桑（Hasan）與海珊（Husayn）兩個兒子。穆罕默德其他的女兒並沒有後代，只有法蒂瑪一家人傳有穆罕默德的血脈。

穆罕默德出自哈希姆家族（House of Hashim），以他的曾祖父哈希姆為祖先。哈希姆家在統治麥加的古萊什族當中算是名門一族。

六三二年，穆罕默德去世，他們以選舉的方式決定繼承者。繼承者被稱為「哈里發」（意味著穆罕默德的代理人），從六三二年到六六一年，共有四任的哈里發都是透過選舉選出來的。這四代的哈里發被稱為「正統哈里發」。

首任哈里發阿布・巴克爾出身古萊什族，且對穆罕默德的興起貢獻良多，他是哈希姆家族的遠親。第二代哈里發歐瑪爾又是更遠的親戚。第三代哈里發奧斯曼則是屬於近親，而法蒂瑪的夫婿阿里成為了第四代的哈里發。

有一派人認為，只有穆罕默德的女兒法蒂瑪以及其女婿阿里的後裔，才是正統穆罕默德的繼承人，這派人被稱為是「阿里什葉」，後來簡稱為「什葉派」。

穆罕默德族譜如下頁圖22-1所示，哈希姆家族被分為阿里家系與阿拔斯家系。阿拔斯這一家系在七五〇年建立了阿拔斯王朝（Abbasid Caliphate），並開始稱自己為「阿拔斯家族」，逐漸不再被人們稱為哈希姆家族。換句話說，在哈希姆家族中，只剩下阿里的家系了。

一般而言，法瑪蒂與阿里的後代**哈桑家系後裔，被稱為謝里夫，海珊家系的後代被稱為賽義德**，無論是謝里夫或是賽義德，在阿拉伯語中都代表血統。

阿里家系的後代，也就是哈桑家族將會繼承哈里發的地位，因為他們繼承了穆罕默德的血緣，這是無論誰來看都再清楚不過的正統性。但是伍麥葉家族的穆阿維亞卻在獲得勢力後，暗殺了阿里。六六一年，穆阿維亞自稱哈里發，創立了伍麥葉王朝。此

圖22-1 穆罕默德相關家族族譜

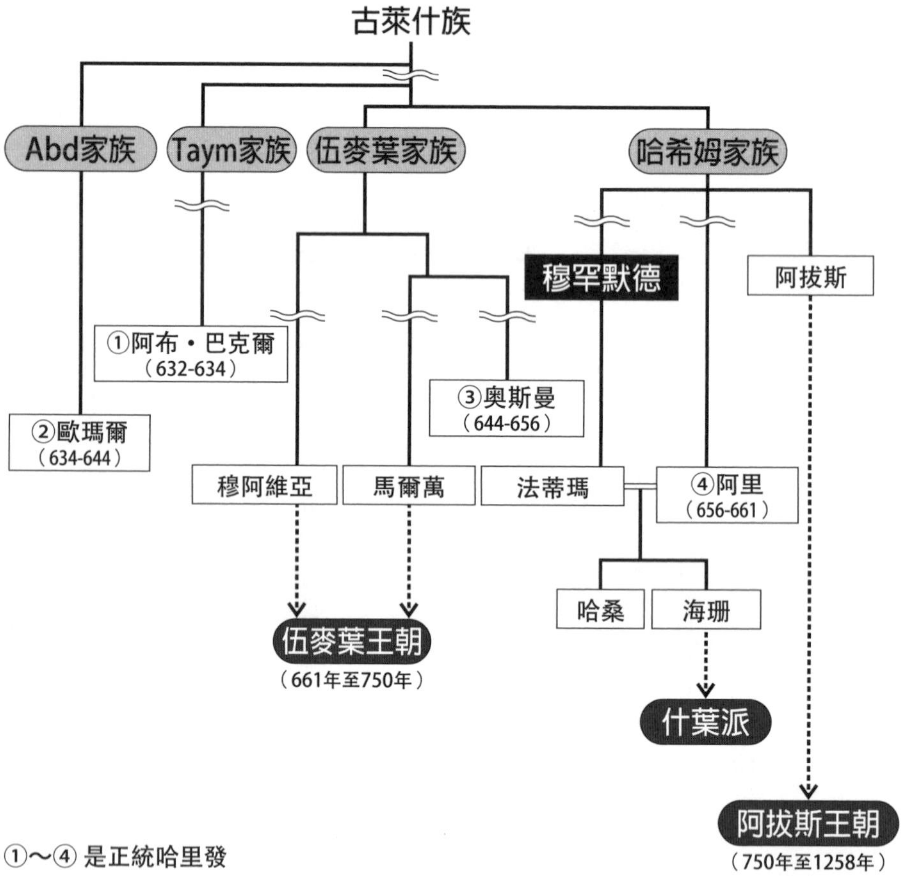

①～④ 是正統哈里發

後，**哈里發的地位便由伍麥葉家世襲而傳承下去**。

而哈桑的後裔成為了伊斯蘭聖地麥加的謝里夫，其地位以「麥加的埃米爾」（麥加的總督）被世代繼承下來。

麥加的埃米爾由哈桑的後裔繼承，到了二十世紀就出現了一位有名的人物，他就是海珊・本・阿里。這個人物在第一次世界大戰當中，於一九一五年與英國簽訂了海珊麥克馬洪祕密協定。

哈桑於六六九年去世。儘管無法從海珊・本・阿里追溯一千兩百年以上的哈桑家族族譜，因此我們無從得知他是否真的留有哈桑的血脈，但是在伊斯蘭教世界，都視他為正統繼承人。

從伊瑪目到賽義德，未能奪回哈里發

另一方面，哈桑的弟弟海珊的族譜，相較之下比較明確。海珊的族譜就像下頁圖22-3一樣，主要分成三大系：伊斯瑪儀派、十二伊瑪目派、宰德派。

海珊為了替父親阿里復仇，便向伍麥葉王朝的勢力抗戰，最後卻被殺身亡。什葉派認為海珊的後代是阿里正式的繼承人。什葉派的主張非常尖銳，比伊斯蘭多數派的遜

圖22-3　海珊什葉派族譜

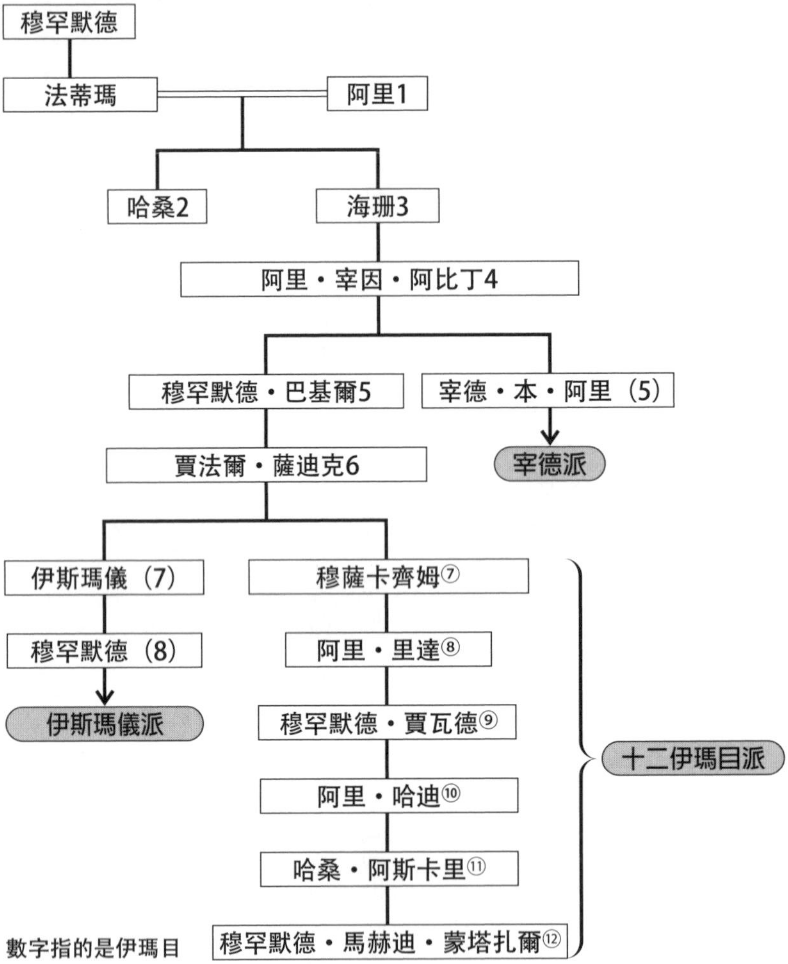

圖22-2　海珊·本·阿里（1920年代）
他被視為穆罕默德之孫哈桑的後代，是哈希姆家族的當家，也是「麥加的埃米爾」。沒履行海珊麥克馬洪祕密協定，背叛英國。

尼派還要激進，經常會和遜尼派產生對立。

什葉派把阿里看作是首任「伊瑪目」（領導者）。不過這個伊瑪目的地位究竟該如何繼承，就分裂為三種不同的主張，分別是伊斯瑪儀派、十二伊瑪目派和宰德派。

這三派當中人數最多的是十二伊瑪目派，以伊朗與伊拉克為中心，有許多的信徒。十二伊瑪目派認為從首任的阿里開始，到第十二代的穆罕默德·馬赫迪·蒙塔扎爾的十二個人是伊瑪目。伊斯瑪儀派則是認為從首任到第七位的伊斯瑪儀，才是伊瑪目。

伊斯瑪儀派與十二伊瑪目派之後都沒有繼承人了，但教徒主張這並非因為他們的死亡，而是因為他們「隱遁」（隱藏起來）了。教徒認為隱遁的伊瑪目將會在最後的審判日，重返這個世界。

而過去伊瑪目的家族及其後代，被視為是繼承了他們血脈的賽義德。

約旦、伊拉克、沙烏地阿拉伯的起源

就像前面所提到的，哈桑的後代子孫，也就是哈希姆家族，成為了麥加的埃米爾，並統治麥加、麥地那等阿拉伯半島西岸的希賈茲（漢志）地區。**哈希姆家族的大家長海珊・本・阿里**在一九一五年，藉由海珊麥克馬洪祕密協定與英國聯手合作。由於有了英國的協助，海珊在一九一六年**建立了漢志王國**（其位置見圖22-4）。

在祕密協定中，雙方協定英國會承認：被鄂圖曼土耳其帝國統治的阿拉伯地區能夠獨立。第一次世界大戰後，此承諾卻無法兌現，英國統治了鄂圖曼土耳其帝國的伊拉克與約旦，並和法國一樣，統治了原本是鄂圖曼土耳其領域的敘利亞和黎巴嫩。

這些被英國與法國統治的阿拉伯地區被稱為「國際聯盟託管地」。雖然說是「受到國際聯盟的委任」而進行統治，但實際上就是英國與法國的殖民地。

哈希姆家激烈反對此舉，**英國為了安撫哈希姆一族**，採取了以下的措施：一九二一年，讓海珊・本・阿里的次男阿卜杜拉・伊本・海珊成為**約旦國王**，讓三男費薩爾・伊本・海珊成為**伊拉克國王**（見二九二頁圖22-5）。但是這時候的約旦和伊拉克，仍然是在英國統治之下的國際聯盟託管地，並非獨立的國家，因此不管約旦國王或伊拉克國王，都只是英國的傀儡而已。

圖22-4 漢志王國周邊地圖

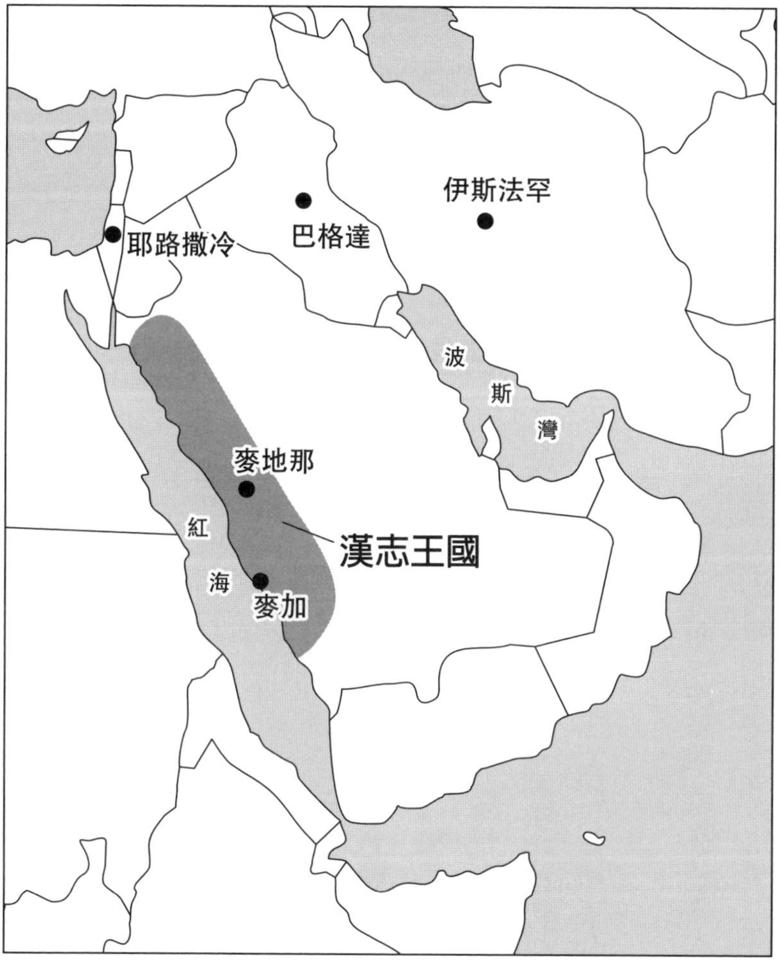

圖22-5 哈希姆家族的延續

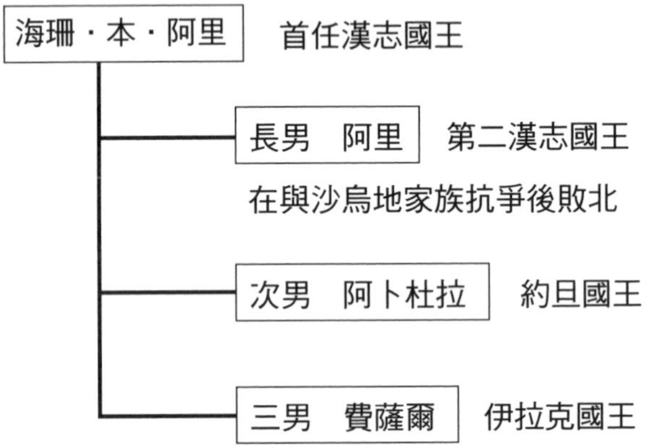

即使阿卜杜拉和費薩爾可以成為英國殖民地的國王，但他們心中都感到相當複雜，不過哈希姆家最後還是接受了英國的安排。

第一次世界大戰後，原本統治阿拉伯半島中部的沙烏地家族，受到英國的援助，勢力突然開始大漲，形成與哈希姆家族敵對的狀態。海珊・本・阿里被伊本・沙烏地所迫，只能讓位給長男阿里，並逃亡到賽普勒斯。

在一九二五年，伊本・沙烏地滅了哈希姆家族的漢志王朝，並奪走麥加的保護權。漢志王朝的國王阿里則是逃到弟弟的伊拉克王國，哈希姆家建立的漢志王國只持續了九年、歷經兩代就終結了。

另一方面，沙烏地家族持續擴大其勢力，並統一了阿拉伯半島。在一九三二年，建立了沙烏地阿拉伯王國，直到今天。**沙烏地家族和**

穆罕默德家族並沒有血緣上的關係。

伊拉克哈希姆王朝只是英國的傀儡

海珊・本・阿里的三男費薩爾（Faisal，費薩爾・伊本・海珊）是一位有能力的人物。他打破了海珊麥克馬洪祕密協定，反過來接近背叛自己父親的英國，在外交上使出了你退我進的政治策略。

其結果，就像前面提到的，在一九二一年，他藉由英國的力量成為了伊拉克國王，並開創了伊拉克的哈希姆王朝。

圖22-6　費薩爾使節團（1919年，攝於召開巴黎和會的凡爾賽皇宮），中央是費薩爾（當時仍是王子）。右後方是湯瑪斯・愛德華・勞倫斯上校（又稱阿拉伯的勞倫斯）。費薩爾充分利用勞倫斯上校與英國溝通。

伊拉克在之後對英國的殖民地統治（國際聯盟託管）發起了非常激烈的抵抗運動。英國無法徹底鎮壓反抗，於是在一九三二年承認伊拉克獨立，並將伊拉克交給費薩爾。儘管表面上英國已從伊拉克撤退，但在這之後仍然在背後持續發揮著影響力。

一九三二年，伊拉克王國雖然獨立，但事實上卻仍然是英國的傀儡，因此國民反對英國的意識也日漸強烈。一九五八年，一位名為卡塞姆的軍人打著反對英美的旗幟興起革命。他成立卡塞姆軍事政權，哈希姆王朝因此被推翻。

一九三三年費薩爾因病過世，之後伊拉克哈希姆王朝又持續了兩代國王。第三位國王費薩爾二世（費薩爾之孫）被卡塞姆的政變部隊所槍殺。部分王族逃到沙烏地阿拉伯，而費薩爾二世的堂兄弟們目前繼承了伊拉克哈希姆家大家長的地位。

卡塞姆的軍事政權目的是為了對抗英美。卡塞姆相當敵視美國，美國因此選擇支持反卡塞姆的阿拉伯復興社會黨（簡稱社會黨）。一九六三年，社會黨成功發動政變，並建立社會黨政權。薩達姆・海珊在社會黨中漸露頭角，終於在一九七九年成為伊拉克總統。

因把耶路撒冷劃進領土，約旦國王被暗殺

海珊・本・阿里的次男阿卜杜拉（Abdullah，阿卜杜拉・伊本・海珊）在一九二一

年即位為約旦國王。從阿卜杜拉到現在，總共歷經了四代哈希姆家族的國王。

約旦和伊拉克相同，都由國際聯盟委任給英國管理。約旦的政情相對較為安定，因此被英國統治二十五年後，於一九四六年獨立。

圖22-7　哈希姆家族的國王們（1920年代）。前排由左至右是阿里（漢志國王）、阿卜杜拉（約旦國王）、費薩爾（伊拉克國王）

一九四九年，約旦正式更改國名為約旦哈希姆王國。哈希姆意味著「哈希姆家族的」。約旦王室的哈希姆家族，以身為穆罕默德的直系後裔為榮，因此約旦王室認為自己比其他王室的地位都要高。

首任國王阿卜杜拉在國家獨立之後，主張擁有包含耶路撒冷在內的約旦河西岸地區，並自稱是「巴勒斯坦之王」。一九五〇年，包含耶路撒冷在內的約旦河西岸地區，正式被劃入約旦領土。但阿卜杜拉此舉也導致巴勒斯坦激烈派人士的反感，一九五五年，當他在訪問耶路撒冷時遭到暗殺。一九六七年第三次中東戰爭時，這塊土地被伊朗所奪。

一九五二年，約旦制定了憲法，並更改成以國王為國家元首的君主立憲制。國王擁有任命首相的權力，在其他政治事務上也仍保有一定的權力。

現任國王阿卜杜拉二世與拉尼婭王后生活奢華揮霍，因此受到國民的批判。

其他中東的國家，例如於一九一八年到一九六二年存在的葉門王國，其王室也擁有哈希姆家的血統（海珊之孫宰德的後裔）。

宰德派的伊瑪目在八九七年以葉門為據點，其歷代後裔繼承了伊瑪目的地位。經過了一千多年，在一九一八年，當時的伊瑪目宣布從鄂圖曼土耳其帝國獨立，建立葉門王國。但在一九六二年，一場政變推翻了君主制。目前的葉門是總統制的共和國。

圖 22-8　約旦歷代國王（哈希姆王朝）

國王	在位期間
阿卜杜拉一世	1923 ～ 1951 年
塔拉勒一世	1951 ～ 1953 年
胡笙一世	1953 ～ 1999 年
阿卜杜拉二世	1999 年～

23 蘇丹、沙阿：被消失的土耳其與伊朗的王

阿拔斯王朝最後的哈里發穆斯台綏木，被蒙古人擄獲並監禁起來。據說他們將穆斯台綏木與他所藏的金銀珠寶囚禁在一起，告訴他：「你就吃這些財寶過活吧。」最後穆斯台綏木飢渴而死。

穆斯台綏木對財寶相當執著。當旭烈兀率領的蒙古軍隊逼近阿拔斯王朝時，穆斯台綏木仍然不給自己的士兵們食糧，只顧著藏好自己的財寶。士兵們因此失去了對哈里發的忠誠心，幾乎都不戰而降。

一二五八年，旭烈兀占領阿拔斯王朝的首都巴格達。旭烈兀對穆斯台綏木的吝嗇與無能相當不齒：「財寶難道比自己的國家和士兵更重要嗎！」旭烈兀為了羞辱穆斯台綏木，才會故意把他跟財寶關在一起，餓死他。

有另一種說法是蒙古人是照傳統處刑的儀式，把穆斯台綏木包在毛毯裡讓馬踐踏而死。但是無論是哪一種方式，他身為哈里發的威嚴都已經掃地了。

在穆罕默德死後，哈里發被視為是穆罕默德的代言人降臨在世界上。哈里發的英文發音是khalifa，意思是代理人或繼承人。**經過了正統哈里發的時代，接下來的伍麥葉王朝**（六六一年至七五〇年）、**阿拔斯王朝**（七五〇年至一二五八年）**歷代君主都繼承了哈里發**的地位。隨著時代的演變，哈里發逐漸腐敗，也失去了民心。

在伊斯蘭的世界中，除了哈里發之外，還有被稱為「蘇丹」的地位。蘇丹在阿拉伯語裡面就是指權威，也代表著皇帝（廣義上來說，也表示國王）。

十一世紀，阿拔斯王朝的哈里發已經失去力量，由外來的土耳其勢力塞爾柱王朝統治，並授予其蘇丹的地位。首位蘇丹就是建立了塞爾柱王朝的圖赫里勒·貝格，他擁有相當強大的軍隊。

從此之後，哈里發就只剩下宗教上的領導權，世俗的統治權就由蘇丹來擔任。因此哈里發與蘇丹之間的關係，可以看作是西方的教皇與皇帝之間的關係。

鄂圖曼土耳其帝國強奪哈里發的地位

十一世紀極為強大的塞爾柱王朝的軍隊，形成了幾個分支，其中勢力開始抬頭的就是奧斯曼加齊，他以安那托利亞半島（又名小亞細亞）為根據地，在一二九九年建立了鄂圖曼土耳其帝國。奧斯曼加齊自稱塞爾柱王朝的繼承者蘇丹（皇帝），並登基成為奧斯曼一世。而他的後代子孫也都繼承了蘇丹的地位。

在十四世紀時，鄂圖曼土耳其帝國進入當時是拜占庭帝國領土的巴爾幹半島，攻下了阿德里安堡。

接著，在一四五三年，鄂圖曼土耳其又攻下了拜占庭帝國首都君士坦丁堡。持續了千年的拜占庭帝國因此滅亡。君士坦丁堡被改名為伊斯坦堡，成為帝國的首都。

到了第九代的蘇丹塞利姆一世時，他相當積極的推動軍隊槍砲武裝化，因此在一五一四年，塞利姆一世成功攻下伊朗的薩非王朝，並在一五一七年征服埃及的馬穆魯克王朝，掌控了伊斯蘭世界的霸權。賽利姆一世還捕獲了從阿拔斯王朝逃到馬穆魯克王朝的末代哈里發。

就像前面提到的，在一二五八年，阿拔斯王朝在穆斯台綏木的時代被滅。阿拔斯的王族在生前就被馬穆魯克王朝所庇護，並繼承哈里發的地位。

但是賽利姆一世卻從苟延殘喘的哈里發手中，奪下了哈里發的地位，並創立由鄂圖曼土耳其帝國的蘇丹兼任哈里發的「蘇丹哈里發制度」。

也就是說，鄂圖曼土耳其帝國的君主擁有蘇丹（世俗領導權）與哈里發（宗教領導權）的權限，也就是伊斯蘭世界中權力最高的君主。

鄂圖曼土耳其帝國的歷代君主都繼承了這個蘇丹哈里發的地位。過去哈里發都是由穆罕默德家的繼承人，也就是伍麥葉家族或阿拔斯家族等穆罕默德的後代繼承，相當重視血脈的傳承。但是哈里發的地位被鄂圖曼土耳其帝國的君主奪走後，就開始由跟穆罕默德沒有任何關係的土耳其系外來民族所繼承了。

在過去，儘管屬於世俗領導者的蘇丹是掌握實權的人，但宗教領導者的哈里發，卻透過血統來保障其正統性。但自從賽利姆一世開創蘇丹哈里發制之後，伊斯蘭世界就失去了這種靠血統傳承的規矩了。

這種血統傳承的規矩一旦被打破，就會產生大混亂。但是鄂圖曼土耳其帝國對伊斯蘭的各個民族，採取減稅等許多的寬容政策，並透過巧妙的協調，成功的讓伊斯蘭世界合為一體。他們為了減少與穆罕默德血緣相近的阿拉伯人發起反動的可能性，也給了他們各式各樣的優惠措施。

鄂圖曼土耳其帝國連自己人都看不下去

在十六世紀前半，賽利姆一世的兒子，也就是第十代蘇丹蘇萊曼一世的時代裡，鄂圖曼土耳其帝國達到全盛時期。

圖23-1　《蘇萊曼一世》，1530年維也納藝術史博物館藏。他相當寵愛後宮一位女俘虜許蕾姆，甚至立她為皇后。多年後許蕾姆為了要讓自己的兒子登上蘇丹的大位，與其他妃子發生非常激烈的鬥爭，甚至將眾朝臣們捲入儲位之爭中，造成政治混亂。

蘇萊曼一世征服了匈牙利，並以此地為跳板，接著又往前進攻歐洲。一五二九年，他包圍了哈布斯堡神聖羅馬帝國的大本營維也納。雖然他沒有辦法攻下維也納，但是鄂圖曼土耳其帝國已經震撼了全歐洲。

鄂圖曼土耳其這股強大的勢力一直持續到十七世紀中期，但在一六八三年，第二次包圍維也納的失利時，帝國失去匈牙利，並開始走向衰敗。到了十九世紀，鄂圖曼土耳其帝國更是受到了歐洲列強的侵略。雖然曾經試著近代化，但始終沒有成功。

鄂圖曼土耳其帝國為了對抗英國的侵略，在第一次世界大戰中支持德意志，最後卻以戰敗收場。蘇丹穆罕默德六世將伊拉克、巴列斯坦、約旦等割讓給英國，敘利亞、黎巴嫩割讓給了法國。

穆罕默德六世這種妥協的態度讓軍人穆斯塔法・凱末爾（Mustafa Kemal）勃然大

怒，他相當敵視鄂圖曼土耳其帝國，並成立了臨時政府，他認為穆罕默德六世是「叛徒」，與他激烈對立。

最後，凱末爾的臨時政府軍打敗了鄂圖曼土耳其帝國的政府軍，掌握了實權。一九二二年，凱末爾將蘇丹制與哈里發制分離，並宣布廢止蘇丹制。從此，持續了六百二十三年的鄂圖曼土耳其帝國終於滅亡。

隔年，土耳其共和國成立，凱末爾就任成為首任總統，首都從伊斯坦堡遷都至安卡拉。

無法原諒奧斯曼家族的凱末爾

被凱末爾批評為「叛國賊」的末代蘇丹，就是第三十六代蘇丹穆罕默德六世。穆罕默德六世流亡到馬爾他島時，曾說過這樣的話：「把我後宮（harem）裡可愛的五個妻子送到我的身邊。」這番言論可以讓人窺見，鄂圖曼土耳其帝國的蘇丹是過著如何墮落的生活。

蘇丹的地位被廢除之後，哈里發的地位卻由遜帝穆罕默德六世的堂弟阿卜杜勒－邁吉德二世繼承。在土耳其共和國成立後，有輿論認為奧斯曼家的血統應該由哈里發繼

圖23-2 離開多爾瑪巴赫切宮的穆罕默德六世（1922年）。

承，而凱末爾也接受了這個意見。

但是這只不過是個暫時性的措施。凱末爾認為土耳其如果要近代化，就必須放棄伊斯蘭主義，哈里發不應該成為當權者。因此凱末爾在一九二四年制定了土耳其共和國憲法，正式確立政治與宗教分離，並廢止了哈里發制度。

從六三二年穆罕默德死後，哈里發的地位就一直被視為是「穆罕默德的繼承人」，但在傳承了總共一千兩百九十二年的漫長時間後，這個制度卻被凱末爾廢除。奧斯曼家族的皇族，包含阿卜杜勒—邁吉德二世在內，全都受到了流放海外的處分。

由於過去凱末爾敵視奧斯曼家，因此他視奧斯曼家族為「祖國之敵」，毫不寬待。

除此之外，凱末爾還廢止了伊斯蘭曆法，採用陽曆，並實行女性解放等近代化的政策。他也廢止了阿拉伯文字，並以國際阿拉伯字母表示土耳其語。因為凱末爾對於土耳其近代化的貢獻，土耳其國會贈予他「Atatürk」一姓，意味著「土耳其人之父」。

一九九二年，奧斯曼家的舊皇族被允許回到土耳其，目前仍有許多舊皇族居住在

圖23-3　阿卜杜勒-邁吉德二世（1923年），末代哈里發。個性溫厚，有著學者性格的人物，對政治似乎沒有多大的興趣，最後被凱末爾所廢。

土耳其，奧斯曼家族現任當家是第四十五代的丹達爾・阿里奧斯曼。

不過土耳其現任總統雷傑普・塔伊普・艾爾多安是位民族保守主義者，他推行「新鄂圖曼主義」，不僅強化了伊斯蘭主義，更主張要奪回過去的榮耀。

伊朗國王「沙阿」的家譜

在伊斯蘭世界裡，除了蘇丹、哈里發的稱號之外，還有一個重要的稱號「沙阿」（Shah）。沙阿在波斯語中的意思是國王。從古代阿契美尼德王朝波斯帝國及薩桑王朝波斯帝國開始，都用沙阿來稱呼君主。

十六世紀初期，伊朗的伊斯瑪儀一世開創了薩非王朝。他正式使用沙阿的頭銜，而這個稱號便開始固定下來。薩非王朝的國教為什葉派，因此和遜尼派的鄂圖曼土耳其帝國起了戰爭。為了與鄂圖曼土耳其帝國的蘇丹對抗，甚至也使用過「šāhān šāh」（沙阿的沙阿、眾王之王）的稱號。

第五代沙阿阿拔斯一世將新首都設立在伊斯法罕，開啟了薩非王朝的全盛時期。歷代的薩非王朝君主繼承沙阿的地位，即使到了伊朗下一個王朝卡扎爾王朝（創始於十八世紀末）、巴列維王朝（創始於二十世紀前半），也都稱君主為沙阿。

第一次世界大戰之後，軍人出身的李查沙阿·巴勒維（李查汗）透過政變掌握了實權，在一九二五年推翻了卡扎爾王朝。接著他自稱沙阿，成立了巴列維王朝，並在一九三五年將國名由波斯改為「伊朗」。

在第二次世界大戰中，李查汗由於太過接近納粹德國，因此在英國與蘇聯的壓力之下被迫退位，將沙阿的地位禪讓給自己的兒子李查·巴勒維二世。

最後的沙阿

李查·巴勒維二世受到英國資本的援助，開始進行工業化。改革相當順利，伊朗的民族資本因此成長，卻同時產生矛盾。伊朗的民族資本越成長，伊朗對握有利權的英國就越有反抗心，批判的矛頭也越針對巴勒維二世，因為他總是與英國協調。

隨著伊朗首相穆罕默德·摩薩台上臺，他宣布英國資本的英伊石油公司（現在的英國石油公司）國有化，企圖排除英國的權利。

巴勒維二世為了與摩薩台對抗，除了向英國尋求支援之外，也轉向美國。美國受到巴勒維二世的請求，開始尋找進入伊朗的機會，並以諜報活動和武力來排除摩薩台派勢力。自此之後，英美就增強監視伊朗，並且強化與國王巴勒維二世的合作。

巴勒維二世以英美的資金推動了稱為「白色革命」的近代工業化。「白色」代表了右派資本主義，相對於「紅色」的左派共產主義。巴勒維二世從上層強行推動了伊朗的近代化。

圖23-4　幫第二任王妃索拉雅點菸的李查·巴勒維二世（1950年代）。在伊朗有許多虔誠的什葉派教徒，王妃做出這種行動就是導致人民反感的原因。

但與此同時，也產生了矛盾，因為工業化而逐漸抬頭的民族資本企圖排除英美的影響力。伊朗的民族資本由於上次的前車之鑑，推出了有力的領導者，也就是什葉派最高宗教領袖何梅尼。

伊朗的國民在何梅尼的領導下，在一九七九年發起了伊朗革命。

巴勒維二世退位後逃亡到了埃及。從此，從古代波斯開始一直傳承到伊朗的沙阿就被廢除了。

巴勒維二世的長男禮薩．巴勒維以美國為據點，不斷推動伊朗的民主化運動。儘管身為獨裁者的兒子推動民主化運動，聽起來似乎有點諷刺……。

一九八〇年，在何梅尼的領導下，成立了反美的伊朗共和國。何梅尼高呼：「勿模仿美國文化，遵守嚴格的伊斯蘭教規範！」並否定巴勒維二世的近代化。

何梅尼進一步將石油國有化，限制了石油的輸出後，石油的國際油價開始急速上升，造成第二次石油危機。英美失去了在伊朗的利權。美國為了要打擊何梅尼政權，全力支援伊朗的鄰國伊拉克，在一九八〇年，伊朗和伊拉克掀起了戰爭。

伊朗共和國和美國的過節、矛盾是從這個時候開始的，二〇一八年川普總統宣布脫離伊朗核協議，更強化了對伊朗施壓的姿態。

第十章

王的消失：主張血統？此處行不通

24 非洲與歐洲不同，族長多半沒能晉升國王

荒涼的大地上，大約五萬名十多歲的少女裸著上半身跳舞……。這是非洲史瓦帝尼王國（原國名為史瓦濟蘭，其位置見圖24-1）的傳統祭典蘆葦節（Umhlanga），在英文被稱為「Reed Dance」。少女們摘取巨大的蘆葦（Reed），進貢給皇家村，並在國王恩史瓦帝三世的面前表演舞蹈。

據了解，恩史瓦帝三世已經擁有超過十五位妻子，但他還是會在少女中選出新的妻子。被國王選出來的少女以及她的家人都會獲得財富與地位。由於一般民眾也能觀看祭典，因此總是吸引了不少從海內外來的觀光客參觀。

在這個祭典的背後，總有賣春在暗中進行，造成社會問題。離開雙親前往祭典的少女們必須住宿在營地裡，這時候群聚的男人們就會把少女帶走。有時少女們在附近的河邊洗澡時，也會被男人帶走。

史瓦帝尼王國對性的態度相當開放，因此感染愛滋病的人數也急速上升，占了該

圖24-1 史瓦帝尼王國周邊地圖

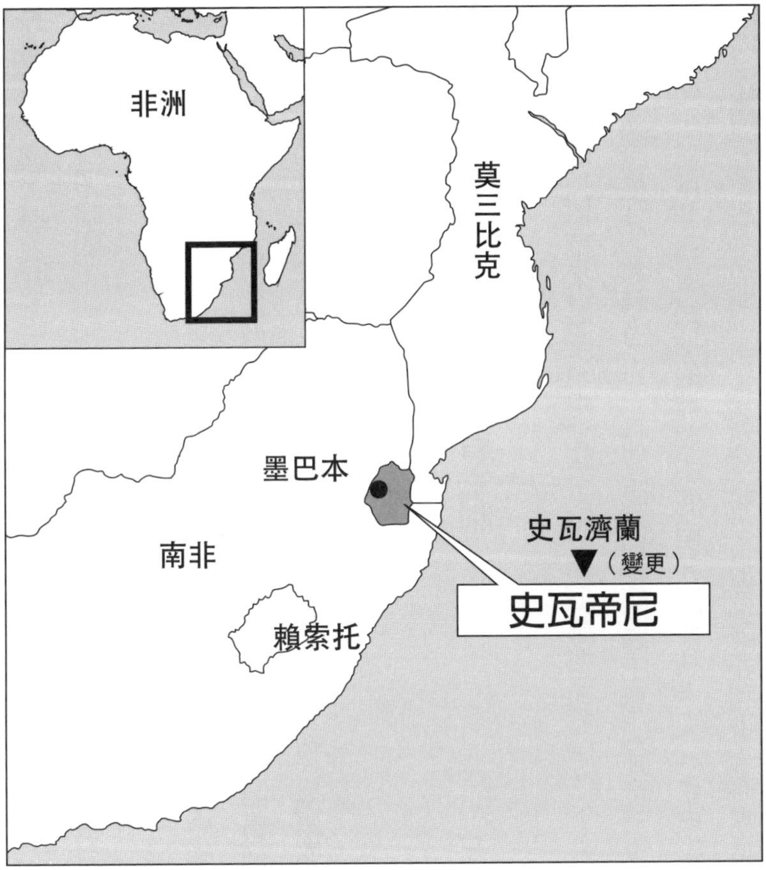

國家總人口數（約一百萬人）三〇％以上。

在祭典上，國王恩史瓦帝三世會發表與防治愛滋病有關的演說，但是這個祭典本身的目的，就是為了讓國王物色少女，因此國王的演說根本缺乏說服力，也沒有實際上的效果。

在二〇一八年四月，恩史瓦帝三世舉辦了慶典，來慶祝自己的生日與紀念獨立五十周年，並將國名由史瓦濟蘭改為史瓦帝尼。史瓦帝尼在當地的語言中表示「史瓦濟人的土地」。史瓦濟蘭是英國殖民時代由英國所命的國名，因此民眾原本就對這個名字相當反感。

史瓦濟蘭王國改名，不改絕對君主制

十六世紀，酋長德拉米尼率領史瓦濟人到達這個地區並居住下來，從此以後，德拉米尼家族便成為這裡的領導者，一直傳承到現在的國王恩史瓦帝三世。

十九世紀，以南非為殖民地的荷蘭系的南非阿非利卡人（Afrikaners，原稱波耳人〔Boer〕）不斷侵襲史瓦濟蘭，史瓦濟族人為了抵抗阿非利卡人而團結起來，成立了史瓦濟蘭王國。史瓦濟蘭王國雖然向英國尋求援助，但是反而被利用，在一八九〇年代裡，甚至被阿非利卡人與英國人共同統治。

在一八九九年，英國人為了與阿非利卡人爭奪權力與利益，而引發了波耳戰爭，戰爭結果英國勝利，一九〇二年史瓦濟蘭王國成為英國領地。德拉米尼王室則被允許繼續存在。

在一九一〇年，英國將開普省（好望角省）與川斯瓦省等地，整合為英國的自治領南非聯邦。雖然英國給予南非聯邦自治權，但能行使這個自治權、進行統治的卻是荷蘭系的阿非利卡人。史瓦濟蘭不同於這個南非聯邦，是英國直轄管制下的區域。

一九三四年，南非聯邦獨立，但史瓦濟蘭仍在英國的統治之下。直到一九六八年，史瓦濟蘭才得以獨立，成為史瓦濟蘭王國。

獨立後，支持君主制的派系透過人民投票獲得壓倒性勝利，因此到了一九七三年，當時的國王索布扎二世廢止了憲法，進行絕對君主制。這個體制一直延續至今，雖然民主化運動興起，但國王卻進行強烈的鎮壓。

索布扎二世在位之後大約過了八十年左右，在一九八六年，由兒子恩史瓦帝三世即位繼承，成為了德拉米尼王朝的第八位國王。他和父親一樣進行絕對君主制，只要出現民主化運動、抗議等，就會宣布國家進入緊急狀況，並且開始鎮壓。

史瓦帝尼王國目前的失業率高達二五％，愛滋病的病情不斷擴大，整個社會有許多嚴重的問題。但是恩史瓦帝三世仍然坐擁十五位以上的妻子，享受著奢華的生活，遭到許多人民批判。此外，在二〇一八年恩史瓦帝三世出於對中國金援的渴望，甚至提到很有可能會跟從一九六八年就建交的臺灣斷交（按：在二〇一八年五月布吉納法索與臺灣斷交後，史瓦帝尼成為唯一與臺灣有正式外交關係的非洲國家。二〇一九年仍維持外交關係）。

天空王國——賴索托

現在的非洲僅存三個王國，分別是史瓦帝尼王國、賴索托王國、摩洛哥王國。

賴索托王國（地理位置請參照三一一頁圖24-1）被稱為「天空王國」。國土全境都在超過標高一千四百公尺高的山岳地帶，天空的絕美景致，吸引了全球各地的觀光客。目前的人口約有一百八十八萬人。

從十六世紀以來，塞索托族人就在賴索托形成了一個獨立的勢力圈。一八一八年，塞索托族的族長莫舒舒一世成立了賴索托王國。

過去，賴索托王國和史瓦濟蘭王國一樣，都受到荷蘭系的阿非利亞人侵略後，向英國尋求保護，卻被英國反過來利用，在一八六八年成為了英國的保護領地。儘管英國持續統治，但同時也承認莫舒舒一世家族王朝的存在。

一九六六年，賴索托獨立，莫舒舒二世成為國王，建立賴索托王國。國內實行君主立憲制，但政情並不穩定，一九八〇年代以後，經常發生軍事政變。目前的國王是莫舒舒二世之子萊齊耶三世。

摩洛哥王室宣稱是穆罕默德後代，卻不叫蘇丹

摩洛哥王室自稱是先知穆罕默德的後代。一般認為王室阿拉維家族和哈希姆家族一樣，都繼承了阿里的兒子哈桑（見第二十二節）的血統。

阿拉維家族的祖先（Al Hassan Addakhil）在**十三世紀後半，為了貿易而從阿拉伯半島來到摩洛哥**，並且在此定居下來。這位祖先被視為是哈桑的後代（謝里夫）。

阿拉維家族勢力逐漸擴張，在一六三一年創立了阿拉維王朝。阿拉維王朝征服了摩洛哥當地的豪族，在一六四〇年以蘇丹自居，並與鄂圖曼土耳其帝國的蘇丹對抗。為了爭奪阿爾及利亞，甚至引發了與鄂圖曼土耳其的戰爭。十七世紀後半，阿拉維王朝定非斯為首都，達到全盛時期（見下頁圖24-2）。

十九世紀後半，英國、西班牙、法國等歐洲列強陸續進入此地，強迫當地簽訂不

圖24-2 摩洛哥阿拉維王朝的勢力擴張（17世紀後半）

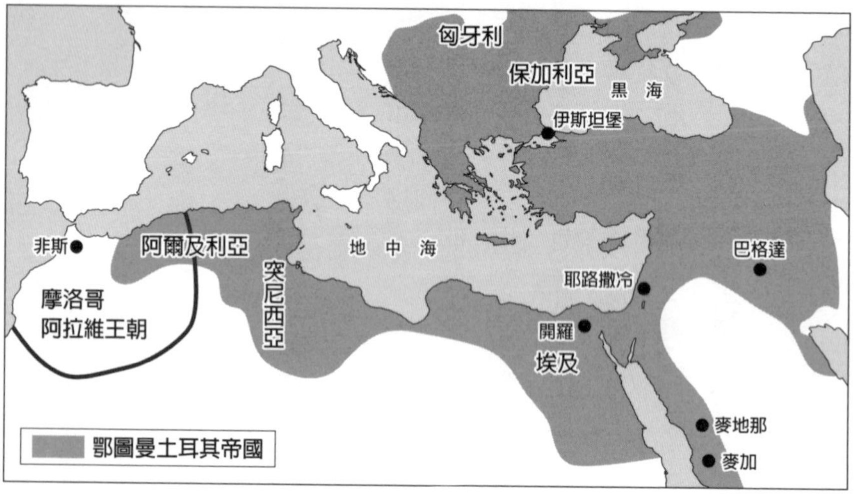

平等條約。到了一九一二年，法國將摩洛哥列為保護國，但實際上是成為了法國的殖民地。

一九五四年，法國在印度支那戰爭中失利，除此之外，同為法國殖民地的阿爾及利亞又爆發了獨立戰爭，讓法國左右支絀。阿拉維家族的穆罕默德五世便趁著這個機會，和法國進行交涉，讓法國承認了摩洛哥獨立。

一九五六年，摩洛哥王國成立，穆罕默德五世並沒有像過去一樣，使用蘇丹作為稱號，而是從一九五七年開始，改用「國王」為稱號。

穆罕默德五世雖然以君主立憲制為基礎建立國家體制，但是國王仍留有非常強大的權限。摩洛哥的現任國王是穆罕默德五世的孫子穆罕默德六世（見圖24-3）。

圖24-3　獨立後的摩洛哥歷代國王（阿拉維王朝）

國王	在位期間
穆罕默德五世	1957年～1961年
哈桑二世	1961年～1999年
穆罕默德六世	1999年～

非洲過去有三十二個王國，大都被瓜分

在非洲，過去的埃及以法老為王形成王國。非洲東部的埃及和阿拉伯半島由於被外敵勢力包圍，必須有強大的王權與之抗衡，但是非洲的西部與中南部並沒有面臨外敵勢力，因此不需要集權式的王國，形成了各部落分立的狀態。

但是進入到八世紀之後，伊朗商人開始在整個非洲進行交易，當時在交換物資時，使用黃金等貨幣，這時候就需要一個強大的王權來管理。其中的代表就是八世紀左右在尼日河流域出現的迦納王國。

在北非有各種伊斯蘭王朝，而非洲中南部也形成了由各個部落組成的王朝，到了**十四世紀時，全非洲光是比較大規模的王國，就有三十二個**（見下頁圖24-4）。

這個時代，尼日河流域除了迦納王國之外，馬里王國也處於全盛時期，國王曼薩（意思是統治者）是穆薩一世（又稱曼薩．穆薩）。穆薩一世是虔誠的伊斯蘭教徒，他

圖24-4 非洲主要國家

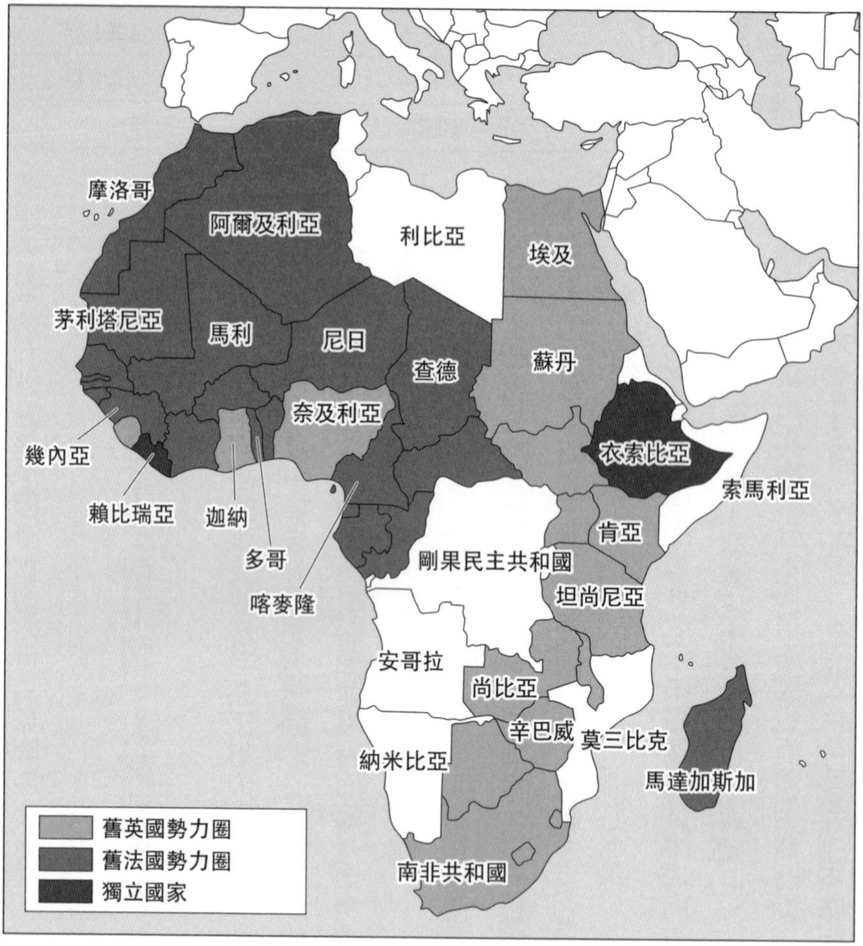
摩洛哥
阿爾及利亞
利比亞
埃及
茅利塔尼亞
馬利
尼日
查德
蘇丹
奈及利亞
衣索比亞
幾內亞
賴比瑞亞
迦納
多哥
喀麥隆
索馬利亞
肯亞
剛果民主共和國
坦尚尼亞
安哥拉
尚比亞
辛巴威
莫三比克
納米比亞
馬達加斯加
南非共和國
舊英國勢力圈
舊法國勢力圈
獨立國家

到麥加朝聖時，在途中經過的城市如開羅等地，使用了大量的黃金。不過黃金的價值也因此下降，讓開羅發生了貨幣貶值的現象。穆薩一世一行人總共有家臣六萬人、奴隸一萬兩千人，而且每個奴隸又各自扛了大約兩公斤重的金條。

在十五世紀時，非洲南部的尚比西河流域出現了穆塔帕王國。現在人們從辛巴威共和國的石造遺跡推測出，當時穆塔帕王國有著高度的宮殿文化。

到了十六世紀後，非洲的各個王國都和鄰近的勢力相互鬥爭，因此逐漸的衰退或滅亡，並且進入分裂。到了十七、十八世紀，歐洲勢力進入後，便開始統治非洲。一直到約一九〇〇年代，整個非洲除了衣索比亞和利比亞外，全都已被歐洲列強所瓜分了。

非洲各國獨立時，族長為何沒成為國王？

第二次世界大戰後，非洲各地開始興起獨立運動。大部分的狀況都是獨立運動的領袖率領群眾掀起戰爭，而這個領袖在獨立後，就直接成為共和國的總統等國家元首。其中的代表像是一九五七年獨立的迦納共和國，恩克魯瑪成為首任總統；一九五八年獨立的幾內亞共和國，首任總統是塞古·杜爾。

在一九六〇年，奈及利亞等非洲總共十七個國家同時宣布獨立，因此這一年被稱為「非洲之年」。其中主要國家有奈及利亞（原為英國領地）、剛果（比利時領地）、多哥（法國）、喀麥隆（法國）、索馬利亞（義大利）、馬達加斯加（法國）等。

這些國家都成為了共和國。各國中都有足以成為國王的強大部落或酋長，或者是過去傳承下來的王族，不過獨立運動家的勢力在戰後仍握有主導權，因此這些國家並沒有選擇成為王國。

參與獨立運動的軍人們幾乎都是貧窮的庶民，因此對王族或貴族也會產生反感。所以國家領袖不得不樹立方針，讓整個社會與庶民分享財富。

不過他們所建立的共和國，政治尚未鞏固，所以無法發揮充分的機能，國家內部經常發生暴動，因此統治者經常會獨裁化，企圖鎮壓人民，甚至還發生了殖民地時代不曾出現的飢荒等，讓非洲失去了發展的機會。

王國崩解：埃及、利比亞、突尼西亞

儘管大多數國家都沒有以王國的形式獨立，但在一九二二年獨立的埃及、一九四一年獨立的衣索比亞（以帝國獨立，後面會詳細敘述）、一九五一年獨立的利比亞、一九五六年獨立的摩洛哥與突尼西亞，則是以王國的形式獨立。除此之外，還有前面提到的史瓦帝尼（史瓦濟蘭）和賴索托。

埃及在古代時，王朝有金字塔建築等繁榮的文明，不過在地政學上，埃及位處非洲、歐洲和中東連結的要衝上，完全暴露在外來勢力的侵略之中，長久以來受到了羅馬帝國、鄂圖曼土耳其帝國的侵略，到了近代，又受到了英國的侵略。

第一次世界大戰後，埃及的反英運動越來越強烈，在一九二二年，英國終於承認了埃及王國（穆罕默德．阿里王朝）獨立。但這時的埃及國王只不過是英國的傀儡，英國對埃及還是有很大的影響力。

埃及王國雖然實行君主立憲制，但當時政情一直不太穩定。**一九五二年，軍人發起了政變（埃及革命），國王法魯克一世遭到流放**。隔年，政變的領袖納吉布即位成為總統，建立了共和國。一九五六年，大名鼎鼎的納瑟（又譯：納賽爾）就任總統，統治埃及。

利比亞原屬於鄂圖曼土耳其帝國，在一九一一年的義大利土耳其戰爭中，被割讓給義大利，成為殖民地。第二次世界大戰，義大利戰敗，利比亞便被英國與法國共同統治。這時候，英國利用了昔蘭尼加的領袖伊德里斯，掌控了石油的權利。

在一九五一年，伊德里斯在英國的支持之下成為利比亞國王，成為伊德里斯一世，並宣布利比亞王國獨立（他是一位賽義德，後來擔任埃米爾）。不過伊德里斯一世只不

圖24-5　伊德里斯一世
總讓英國占盡便宜的國王，促使格達費發動政變。

過是英國為了保有石油權利的傀儡國王罷了。人民對伊德里斯一世相當反感，因此一九六九年革命領導人格達費（Muammar Gaddafi）發動了政變，伊德里斯一世逃亡到埃及，**格達費宣布成立共和國**，成為了實質上的元首。

突尼西亞原本也屬於鄂圖曼土耳其帝國。一八八三年，法國將突尼西亞列為保護國加以統治，在戰後一九五六年承認其獨立。這時候，原本在鄂圖曼土耳其帝國時期世襲突尼西亞貝伊（土耳其語，意思是酋長）的穆罕默德八世・艾敏（屬於海珊家族）被法國推出來出任國王，並且在背後操縱突尼西亞。

但是國民都對傀儡國王有所不滿，因此隔年一九五七年，首相布爾吉巴就單方面廢止了君主制，宣布建立共和國並成為總統，國家開始實行社會主義體制。

衣索比亞——所羅門王後裔所建立的帝國

十九世紀末，衣索比亞的皇帝孟利尼克二世在阿杜瓦決戰（第一次義大利衣索比亞戰爭）當中，阻止了義大利的侵略，維持衣索比亞的獨立，以偉大的皇帝而著稱。

但是在一九三五年因不敵義大利墨索里尼政權（法西斯義大利）的猛烈進攻（第二次義大利衣索比亞戰爭），隔年首都阿迪斯阿貝巴被攻陷，成為了殖民地。當時的皇帝海爾·塞拉西一世逃亡海外。一九四一年，衣索比亞受到英國的援助而擊敗義大利軍，海爾·塞拉西一世得以回到衣索比亞首都阿迪斯阿貝巴，衣索比亞恢復獨立。

一九七四年衣索比亞發生了革命，海爾·塞拉西一世遭到流放。革命政權得到蘇聯的援助，開始進行激進的社會主義。直到一九九一年社會主義政權才瓦解。

過去衣索比亞帝國的君主是「皇帝」，那麼他們又是依什麼根據宣稱自己是帝國和皇帝的呢？

圖24-6　孟利尼克二世
在阿杜瓦決戰中親自領軍對抗，是勇猛英明的皇帝。

一二七〇年，葉克諾·阿姆萊克稱帝，建立了衣索比亞帝國。據說葉克諾·阿姆萊克是西元前十世紀時古代以色列王國所羅門王的後代。也因為如此，他所建立的王朝就被稱為所羅門王朝。儘管實際上

圖24-7　海爾．塞拉西一世
衣索比亞的末代皇帝。實行專制政治，怠忽改革，造成經濟停滯，成為發生政變的原因。

幾乎毫無依據，但葉克諾．阿姆萊克仍宣稱自己是所羅門王的後裔，符合「王中之王」的皇帝的稱號。此外，衣索比亞的最大版圖擴及現在的索馬利亞、吉布提、肯亞、南蘇丹，以及部分的阿拉伯半島，的確可說是值得被稱為帝國。

儘管如此，沒有根據能充分說明葉克諾．阿姆萊克足以被稱作皇帝。不過葉克諾．阿姆萊克的後代子孫繼承了皇帝的地位，使帝國與皇帝逐漸成為既成事實。

葉克諾．阿姆萊克建立的所羅門王朝，幾度遭到其他王朝中斷，甚至有些時代並沒有皇帝的存在。不過所羅門王朝的血統仍傳承下來，皇帝的地位一直傳承到一九七四年，直到末代皇帝海爾．塞拉西一世遭到流放才被推翻。

在伊斯蘭教誕生以前，衣索比亞信奉基督教，在國內相當普及。衣索比亞的基督教被稱為科普特派（Coptic Catholic Church）。科普特在阿拉伯語中代表著「埃及」的意思。衣索比亞歷代的皇帝都是虔誠的科普特信徒，對基督教採取保護的姿態。

25 美洲各國為何無法出現王？

過去在美洲大陸上曾經存在過的君主國，最具代表性的就是印加帝國和阿茲提克帝國。印加帝國的君主被稱為「薩帕・印卡」。印卡是「王」，薩帕是「唯一」的意思，唯一的王，也就是皇帝了。

印加帝國的版圖覆蓋今天的厄瓜多、秘魯、智利、阿根廷，原本整個南美都有印地安人部落，形成了多個王國和酋長國，但庫斯科（秘魯）周邊的小部落「奇楚瓦族」（也就是印加人）開始併吞附近的部族，不斷擴張勢力。

到了一四三八年，奇楚瓦族的酋長帕查庫特克整合了各個王國，成為君臨各國之上的薩帕・印卡，建立了印加帝國。由於印加帝國相當重視皇族的血統，因此王室不斷的進行近親通婚。

另一方面，出現在墨西哥高原上的阿茲提克王國常被稱為帝國，不過由於其歷代君主都被稱為「特拉托阿尼」（國王），所以應該被視為王國才是正確的。

阿茲提克人（奇奇梅克人）在十二世紀時，於墨西哥擴張勢力，到了一三七五年，首長阿卡馬皮奇特利登上特拉托阿尼的王位，建立了阿茲提克王國。

印加的薩帕·印卡和阿茲提克的特拉托阿尼，都被尊崇為神的化身，並被視為是宗教領袖，確立了其地位的崇高，但他們世俗的權力卻不高，國內還是處於各部族群雄割據的狀態，他們並沒有能夠壓制爭鬥的力量。

到了十六世紀，西班牙人侵略了印加帝國和阿茲提克王國，兩者都因此瓦解。西班牙人巧妙的利用部落的內部抗爭，讓他們互相開戰，有效的進行侵略。

拉丁美洲太窮，所以沒有王國無從復辟

西班牙人掠奪印加帝國與阿茲提克王國的黃金，並且又將其設為殖民地，把當地的印地安人當成奴隸，對待印地安人相當殘酷。

十八世紀，印地安人為了復興往日的榮耀，「美洲印地安主義」開始蔓延各地。一七四二年，出現了一位男子，他自稱是印加帝國末代薩帕·印卡「阿塔瓦爾帕」的後代，他向民眾高呼要復興印加帝國，並興起叛亂。一七四六年，利馬（現在秘魯首都）遭到大地震侵襲，這位自稱是阿塔瓦爾帕後代的男子宣稱：「地震代表印加之神的忿

怒」，企圖藉此煽動人民，因此叛亂擴及到安地斯地區。

過了一陣子，這位自稱是阿塔瓦爾帕後代的男子行蹤不明，叛亂也逐漸被平息。不過在這之後，還是斷斷續續的會出現一些高揭「美洲印地安主義」訴求的叛變。

一七七五年，美國開始獨立戰爭，受到這股影響，拉丁美洲也開始了獨立運動。由於這些獨立運動的領袖，拉丁美洲各國在十九世紀初期脫離了西班牙的統治各自獨立。

各國獨立之後，獨立運動的領袖掌握了主導權，建立了總統制的共和國。現在拉丁美洲總共有三十三個國家，但完全沒有王國。雖然有些保守派的大地主拱出了宣稱是印加帝國皇室的後代，企圖要復興印加帝國、建立君主立憲制的國家，但是考慮到大多數貧民階級和士兵們，還是採取了共和制。

在另一方面，加勒比海上也有一些小群島國家採取了和英國伊莉莎白女王實行共主邦聯的國家（見圖25-1）。這九個國家都曾是英國的領地，並且以英國的國王為名義上的君主，實

圖 25-1　以英國國王為君主的加勒比海國家

貝里斯
巴哈馬
牙買加
聖克里斯多福及尼維斯聯邦
安提瓜和巴布達
聖露西亞
聖文森及格瑞那丁
巴貝多
格瑞那達

行君主立憲制（並非王國）。

在一七九五年，卡美哈梅哈一世在夏威夷建立了卡美哈梅哈王朝。但是在十九世紀後半，美國移民急速增加，到了一八九三年，這些移民興起革命，打倒王朝，建立共和制。一八九八年，夏威夷被美國併吞。

西班牙軍人成為墨西哥皇帝

十九世紀前半，拉丁美洲各國各自獨立，建立共和國，但是其中的例外就是墨西哥與巴西。西班牙的將軍阿古斯汀．德．伊圖爾維德，被派到墨西哥鎮壓米格爾．伊達爾戈等人的獨立運動。但是阿古斯汀卻對獨立運動深有同感，此外，也為了達成自己的野心，因此就和獨立勢力進行協調。阿古斯汀和獨立勢力一起擊退了西班牙軍隊，並在一八二二年宣布墨西哥獨立。

他自己即位成為皇帝，號稱阿古斯汀一世。之所以會稱帝而非國王，是因為他自知自己並沒有國王的血統，同時又受到拿破崙自稱皇帝的影響。但無論如何，阿古斯汀都沒有資格當上皇帝。

墨西哥有肥沃的穀倉地帶，地主等保守派掌握了強大的勢力。阿古斯汀一世就是獲得了這些保守勢力的支持才維持皇帝的身分。

但是多數貧民階級對他很反感，因此帝政只維持了不到一年，在一八二三年就瓦解了。阿古斯汀一世被迫退位，流亡英國。墨西哥經歷了一段混亂期後，在一八三五年成為了共和國。從一八六四年開始，又再度的成為皇帝制（墨西哥第二帝國）。

總統賴債不還，派哈布斯堡家族成員當墨西哥皇帝

哈布斯堡家族的斐迪南・馬克西米連（Fernando Maximiliano）登上了墨西哥第二帝國的皇帝寶座。馬克西米連的哥哥是奧地利的皇帝法蘭茲・約瑟夫一世。為什麼哈布斯堡家的人會來到墨西哥呢？

一八六一年，墨西哥共和國的自由主義者貝尼托・胡亞雷斯（Benito Juárez）總統單方面宣布停止給付國債的利息，引起債權國法國、西班牙和英國的憤怒。法國皇帝拿破崙三世趁機開始侵略墨西哥。

這時候，英國正忙於處理和中國的鴉片戰爭，沒有餘裕介入墨西哥事務，西班牙也因為政局不穩定，造成實際上能採取行動的只剩下法國。此外，美國也處於南北戰爭中，無法介入。法國用了三萬人的兵力，在一八六三年攻陷了墨西哥城。

墨西哥的當權者和保守派都相當反對自由主義的胡亞雷斯政權，希望建立君主制。拿破崙就推派哈布斯堡家族的馬克西米連擔任墨西哥皇帝，企圖讓人民回憶起西班牙王國時代的榮耀。法國人盤算，若是跟西班牙哈布斯堡家族同樣流有哈布斯堡家血液的馬克西米連，就有當上墨西哥皇帝的正當性，也能讓墨西哥的保守派心服口服。不過墨西哥的當權者都是在當地出生的西班牙人，對他們而言，法國人就是外來侵略者，所以心生警戒。

一開始，馬克西米連並不信任拿破崙三世。他自知會成為法國的傀儡，因此抱著赴死的決心，當上了墨西哥皇帝。雖然馬克西米連不滿自己沒有世襲到任何地位，而且墨西哥是小國，自己又是法國的傀儡，但至少還算是一個國家之主，因此他最終還是接受了這個皇位，成為馬西米連諾一世（Maximilian I of Mexico，他同意接受墨西哥皇位的決定，遭到哈布斯堡家族大部分成員的反對，使他和他的後代失去了對奧地利皇位的繼承權）。

皇帝兩面不是人，最後成了鬼

馬克西米連的思想相當進步。當時奧地利相當打壓自由主義者和匈牙利的獨立運動家，他對此都諸多批判。

成為墨西哥皇帝之後，馬克西米連開始進行改革。他廢止將美洲原住民視為農奴的農地借貸制度等，招來保守派當權者的憤怒，但在另一方面，胡亞雷斯等自由主義者又否定君主制度，因此也不支持馬克西米連。馬克西米連在這樣的情勢之下，只有越來越被孤立。

美國的南北戰爭結束後，一八六五年，自由主義者得到美國的支援，對馬克西米連與法國軍興起叛亂。

圖25-2　《槍決馬西米連諾皇帝》，1868年馬奈繪，藏於德國曼海姆美術館。看到這幅畫的文學家左拉說：「馬克西米連是被法國所殺的」。

被墨西哥保守階層背棄的馬克西米連政權非常脆弱。而法國的鄰國普魯士在俾斯麥的領導之下擴大國力，因此拿破崙三世背叛馬克西米連，從墨西哥撤軍。

一八六七年，馬克西米連遭到叛軍逮捕，儘管胡亞雷斯對馬克西米連抱持善意，但最終還是決定將他處死。

墨西哥重回共和國，但胡亞雷斯的自由主義路線卻讓墨西哥陷入混亂。胡亞雷斯死後，一八七六年，軍人波費里奧・迪亞斯發動政變，實行獨裁政治。

巴西也有皇帝？

巴西過去也是帝國。從十六世紀以來，巴西就是葡萄牙的殖民地。**西班牙遭到拿破崙侵略後，在一八〇八年，葡萄牙的王室（布拉甘薩王室）就逃往巴西**。由於國王在巴西建立國家，因此巴西也升格為跟葡萄牙對等的王國了。

拿破崙垮臺後，一八二一年，約翰六世回到葡萄牙的里斯本。約翰六世兼任葡萄牙國王和巴西國王，並設立王子佩德羅為巴西的攝政，讓他在當地進行統治。

約翰六世對巴西課予重稅，引起當地保守階級的地主（葡萄牙殖民者）很大的反感。王子佩德羅極具野心，他和當地保守階級的地主們聯手對抗葡萄牙本國。一八二二年，佩德羅宣布獨立，建立巴西帝國，並自行即位成為皇帝。

佩德羅之所以不稱王，反而宣稱是皇帝，很有可能是受到同年五月阿古斯汀一世自稱墨西哥皇帝的影響。佩德羅在同一年十月即位。此外，他似乎認為要統治巴西幅員廣大的各個地區，稱為皇帝，似乎也頗為合適。但無論如何，他都沒有能稱為皇帝的合理性。

圖25-3　《巴西皇帝佩德羅一世》，1935年
約翰·辛普森作品的臨摹，藏於巴西聖保羅州立美術館。曾言：「我流著和黑人同樣顏色的血液。」否定白人至上主義，同時也厭惡王侯貴族的血統主義。

佩德羅思想相當進步，他進行了許多改革，包括廢止奴隸制度，因此和保守的地主們產生了對立。

一八二六年，在葡萄牙的父王約翰六世去世，佩德羅雖然主張自己有葡萄牙的王位繼承權，但葡萄牙本國的保守派並不承認佩德羅的繼承權，反而擁立佩德羅的弟弟成為新任國王。這使得佩德羅必須和弟弟與保守派鬥爭。

在巴西，佩德羅也遭到了孤立。一八三一年，他把巴西的皇帝位禪讓給長男佩德羅二世。佩德羅二世在位五十八年。佩德羅二世和自己的父親一樣，思想相當進步，甚至在一八八八年獨斷的廢止了奴隸制度。此舉激怒了保守的地主們，他們和軍隊聯合起來，在隔年發動了軍事政變。佩德羅二世遭到廢位，逃亡葡萄牙，葡萄牙的布拉甘薩王朝因此瓦解。

從此之後，巴西就成為共和國，歷經了混亂期，到了一九三〇年代熱圖利奧·瓦爾加斯實行獨裁政治，才讓政情穩定下來。

華盛頓開創連任兩次「習俗」，那依法呢？

一七七五年，美國在獨立戰爭後排除了英國本國的統治。當時的英國國王是喬治三世，他對於被迫放棄美國這件事，到死都一直感到無比悔恨。

參與了美國建國的人們，為了打倒實行君主制的英國統治，都對君主制感到非常厭惡，因此他們選擇了總統制。

獨立戰爭的領袖華盛頓被選為美國的首任總統。一開始，軍方曾經試圖拱華盛頓成為國王，但華盛頓卻拒絕了，他認為君主制和美國建國的精神是完全相反的。

華盛頓非常願意聆聽人們的聲音，相當適任一位共和主義者，他完全沒有做出類似歐洲王族的舉動。他也不喜歡別人稱呼他「閣下」，因此「總統先生」這個稱呼就固定了下來。

儘管華盛頓非常願意聆聽大眾的聲音，他同時也很有決斷力與行動力。他的聲望逐漸高漲，周遭的人都請求他擔任第二任總統。華盛頓本來拒絕了此要求，但還是盛情難卻的接任了第二任總統。當眾人再度要求他接任第三任總統時，他堅持拒絕了。也因

此出現了總統只連任兩任的「習俗」。

不過富蘭克林．羅斯福卻打破了這個習俗。他以國家處於第二次世界大戰為由，總共連任了四任總統。羅斯福於一九四五年病逝，若不是病死的話，或者他還會連任成為五、六任總統吧。

一九五一年，美利堅合眾國修改了憲法第二十二條，正式規定總統只能連任兩任。

加拿大的國王是英國伊莉莎白女王

加拿大是君主立憲制國家，因此有國王。加拿大的國王是英國的伊莉莎白二世。

加拿大原本是英國的殖民地，但在南北戰爭後，美國勢力逐漸增強，很有併吞加拿大的氣勢。英國為了攏絡加拿大，在一八六七年給予自治權，讓加拿大半獨立，到了一九三一年便承認加拿大的完全獨立。

獨立後，加拿大與英國維持著鬆散的聯合關係（屬於英國聯邦）。兩國聯合關係的證據，就是在《西敏法令》中明文規定要擁戴共同的國家元首（英國國王）。由於有這個法令，加拿大至今仍然視英國國王為名義上的君主。

澳大利亞和加拿大相同，和英國擁有聯合關係，並視英國國王為共通的國家元首。

澳洲在過去是英國的殖民地，在一九四二年獨立。

但是在這之後，卻掀起了一番議論，認為澳大利亞是獨立國家，不應該認英國國王為國家元首，因此在一九九九年進行了共和制的公民投票。但結果反對共和制的票數過半，使得澳大利亞無法實現共和制。

除了加拿大、澳大利亞之外，還有紐西蘭、巴布亞紐幾內亞、所羅門群島、吐瓦魯等國，以及前面提到的九個加勒比海島國，共計十六個國家（包含英國在內）都以英國國王為共通的國家元首。

儘管說是名義上的君主，但伊莉莎白女王會在這十六個國家舉辦國家儀式和各式活動，也會禮貌性的進行公事訪問和傳送祝賀文電等，至少都是有在執行公務的。

後記

王的歷史，看出國家與人民的本性

「某國家的人不值得相信。」如果一個國家首領總是說話不負責任，那麼那一國的國民也會滿口胡言。反過來說，如果一個國家的國民說話不負責任，這個國家也會如此。人民程度與其國家的程度是成正比的。

至於如何判斷某國家的人，只要看他們國王（皇帝）的歷史，他們是如何面對自己的國家，就能窺之一二了。因為國王（皇帝）就代表了那個國家。王室（皇室）的歷史反映出所有與其相關的人以及子孫後代的本性，甚至也可以反映出他們社會樣貌。

回溯國王（皇帝）的歷史，就像是閱讀那個國家人民的「履歷表」。這份履歷表是無法造假，根據這份資料，我們可以合理判斷出某個國家的人值不值得信賴。

那麼日本的又是如何呢？日本尊崇皇室，一直貫徹到今天，與皇室一起寫下了歷史的篇章。尤其誠如本書一直強調的，日本貫徹正統主義。

我認為，正因為有天皇的存在，日本才得以成功的近代化，成為與歐美列強相提並論的國家。明治維新時代的日本人，以君主立憲制為基礎，視天皇為頂點，在絕妙的平衡之下進行了各項改革。日本人必須重新意識到這些功績。

世界各國有許多王室下場都很悲慘，被人民或外敵流放海外、甚至處刑而死。在世界王朝頻繁更替的狀況之中，只有日本王室始終維持萬世一系，日本天皇更成為了世界上唯一的皇帝（emperor）。這個事實可說是「世界史上的奇蹟」。

如果像這樣，將日本皇室的歷史與世界上的其他皇室相比，就可以很清楚知道日本這個國家的歷史有多麼的正派，我相信，在過去是如此，今後也必走在正道上。

日本和中國、韓國同為亞洲人，在外表上也很相似。但是如果要說有什麼決定性的差異，那就是「歷史的進程」。背負著悲慘歷史的民族、背負著光榮歷史的民族，這些過去是任誰也無法改變的。而我們現在就身處於這個壯大歷史的洪流之中。

我已經超過四十三歲了，許多人到了這個年紀，就會不自覺的用「這個人到底有沒有國家意識」來判斷周遭的人。當然我們不會用「國家觀」這種高度非常高的標準，而是國家意識這種比較親身的感受。

如果一個人欠缺國家意識，那麼他的思考就會停留在自己周遭的小世界裡。一定是要先有國家，才有自己的幸福。如果這個國家不值得尊重，那麼這個國家的社會和人民也不會被人尊重。無論是日本人或是其他國家的人，皆是如此。

我在大學畢業後，成為補習班的老師，多年來指導高中生和重考生世界史。二〇一五年，我因參選大阪府議會議員選舉而辭掉補習班的工作。最後我落選了。我為了謀生開始執筆寫作，就這麼活到今天。對於長年都在從事教育工作的我而言，我對於日本歷史教育的質量過於貧乏感到萬分憂心。

在學校教育的場合中，幾乎沒有時間讓學生可以充分的養成對歷史的思考與洞察力。而且最可怕的是，實際上有許多歷史老師的能力都非常低劣。老師本身並不了解歷史的意義與內涵，只是對教科書照本宣科而已。不過日本的歷史教育卻允許這些教師這麼做，有些人甚至會灌輸學生不正確的國家意識，甚至說謊和滿口胡言。

日本有著非常了不起的歷史。「那麼日本歷史與世界的歷史比較起來，具有什麼樣的意義呢？」然而在我們的歷史教育中，卻看不到這種根源性且宏觀的視點。如果沒有正當的歷史教育，要如何教育出通情達理的下一代人？

我認為這樣是不行的，我認為自己必須做些什麼，因此才會像這樣每天努力的筆耕，持續執筆寫作。

參考文獻

愛新覚羅浩，《流転の王妃の昭和史》（中公文庫），二〇一二年。
愛新覚羅溥儀（著）、小野忍（翻訳），《わが半生―「満州国」皇帝の自伝》〈上・下〉（筑摩叢書），一九七七年。
青山和夫，《古代メソアメリカ文明―マヤ・テオティワカン・アステカ》（講談社選書、メチエ），二〇〇七年。
浅見雅男、岩井克己，《皇室150年史》（ちくま新書），二〇一五年。
足立啓二，《専制国家史論》（ちくま学芸文庫），二〇一八。
池内恵，《サイクス＝ピコ協定　百年の呪縛》（新潮選書），二〇一六年。
石井知章，《K.A.ウィットフォーゲルの東洋的社会論》（社会評論社），二〇〇八年。
石川博樹，《ソロモン朝エチオピア王国の興亡―オロモ進出後の王国史の再検討》（山川出版），二〇〇九年。
岩佐淳士，《王室と不敬罪　プミポン国王とタイの混迷》（文春新書），二〇一八年。
梅棹忠夫，《文明の生態史観》（中公文庫），一九九八年。
江村洋，《ハプスブルク家》（講談社現代新書），一九九〇年。
大垣貴志郎，《物語メキシコの歴史―太陽の国の英傑たち》（中公新書），二〇〇八年。
岡田英弘，《モンゴル帝国から大清帝国へ》（藤原書店），二〇一〇年。
岡田英弘，《チンギス・ハーンとその子孫　もうひとつのモンゴル通史》（ビジネス社），二〇一五年。
小田部雄次，《李方子　一韓国人として悔いない》（ミネルヴァ書房），二〇〇七年。

加藤康男，《禁城の虜　ラストエンペラー私生活秘聞》（幻冬舎），二〇一四年。
時事通信社（編集），《世界王室最新マップ》（新潮ＯＨ！文庫），二〇〇一年。
新城道彦，《朝鮮王公族—帝国日本の準皇族》（中公新書），二〇一五年。
鈴木董，《オスマン帝国　イスラム世界の「柔らかい専制」》（講談社現代新書），一九九二年。
竹中亨，《ヴィルヘルム2世—ドイツ帝国と運命を共にした「国民皇帝」》（中公新書），二〇一八年。
深町英夫，《孫文—近代化の岐路》（岩波新書），二〇一六年。
藤崎一雄，《ビルマのラストエンペラー　ティーボー王とスーペャ・ラ王妃》（創英社／三省堂書店），二〇一八年。
古田拓也，《ロバート・フィルマーの政治思想—ロックが否定した王権神授説》（岩波書店），二〇一八年。
本馬恭子，《徳恵姫　李氏朝鮮最後の王女》（葦書房），一九九八年。
本村凌二（監修）、造事務所（編集），《30の「王」からよむ世界史》（日経ビジネス人文庫），二〇一八年。
八幡和郎，《世界の王室うんちく大全》（平凡社新書），二〇一三年。
李方子，《流れのままに》（啓佑社），一九八四年。
ダロン・アセモグル（著）、ジェイムズ・A・ロビンソン（著）、鬼澤忍（翻訳），《国家はなぜ衰退するのか　権力・繁栄・貧困の起源》〈上・下〉（早川書房），二〇一三年。
アンドリュー・ウィートクロフツ（著）、瀬原義生（翻訳），《ハプスブルク家の皇帝たち—帝国の体現者》（文理閣），二〇〇九年。
C・ヴェロニカ・ヴェッジウッド（著）、瀬原義生（翻訳），《イギリス・ピューリタン革命—王の戦争》（文理閣），二〇一五年。

C・ヴェロニカ・ヴェッジウッド（著）、瀬原義生（翻訳），《オラニエ公ウィレム―オランダ独立の父》（文理閣），二〇〇八年。

エルンスト・カッシーラー（著）、宮田光雄（翻訳），《国家の神話》（講談社学術文庫），二〇一八年。

ギド・クノップ（著）、平井吉夫（翻訳），《世界王室物語―素顔のロイヤル・ファミリー》（悠書館），二〇〇八年。

パトリス・ゲニフェイ（著）、神田順子（翻訳）、谷口きみ子（翻訳），《王たちの最期の日々》〈上・下〉（原書房），二〇一八年。

パトリス・ゲニフェイ（著）、ティエリー・ランツ（著）、鳥取絹子（翻訳），《帝国の最期の日々》〈上・下〉（原書房），二〇一八年。

カール・シュミット（著）、田中浩（翻訳）、原田武雄（翻訳），《独裁―近代主権論の起源からプロレタリア階級闘争まで》（未来社），一九九一年。

アレクシス・ド・トクヴィル（著）、小林勉（翻訳），《旧体制と大革命》（ちくま学芸文庫），一九九八年。

エドマンド・バーク（著）、佐藤健志（翻訳），《フランス革命の省察―「保守主義の父」かく語りき》（PHP研究所），二〇一一年。

ケイト・ハバード（著）、橋本光彦（翻訳），《ヴィクトリア女王の王室：側近と使用人が語る大英帝国の象徴の真実》（原書房），二〇一四年。

ジョナサン・ハリス（著）、井上浩一（翻訳），《ビザンツ帝国　生存戦略の一千年》（白水社），二〇一八年。

ジャン＝クリストフ・ビュイッソン（著）、ジャン・セヴィリア（著）、神田順子（翻訳）、土屋佳代子（翻訳），《王妃たちの最期の日々》〈上・下〉（原書房），二〇一七年。

ニーアル・ファーガソン（著）、山本文史（翻訳），《大英帝国の歴史上―膨張への軌跡》（中央公論新社），二〇一八年。
ディヴィッド・フロムキン（著）、平野勇夫（翻訳）、椋田直子（翻訳）、畑長年（翻訳），《平和を破滅させた和平―中東問題の始まり（一九一四―一九二二）》〈上・下〉（紀伊國屋書店），二〇〇四年。
ビョルン・ベルゲ（著）、角敦子（翻訳），《世界から消えた50の国　一八四〇―一九七五年》（原書房），二〇一八年。
ニッコロ・マキャヴェッリ（著）、河島英昭（翻訳），《君主論》（岩波文庫），一九九八年。
ニッコロ・マキャヴェッリ（著）、永井三明（翻訳），《ディスコルシ　ローマ史論》（ちくま学芸文庫），二〇一一年。
ウィリアム・H・マクニール（著）、政治経済研究所（翻訳），《世界経済史概観　紀元一年～二〇三〇年》（岩波書店），二〇一五年。
ドミニク・リーベン（著）、袴田茂樹（監修）、松井秀和（翻訳），《帝国の興亡〈上〉―グローバルにみなパワーと帝国》（日本経済新聞社），二〇〇二年。
ドミニク・リーベン（著）、袴田茂樹（監修）、松井秀和（翻訳），《帝国の興亡〈下〉―ロシア帝国とそのライバル》（日本経済新聞社），二〇〇二年。
ユージン・ローガン（著）、白須英子（翻訳），《アラブ500年史：オスマン帝国支配から「アラブ革命」まで》〈上・下〉（白水社），二〇一三年。
ユージン・ローガン（著）、白須英子（翻訳），《オスマン帝国の崩壊：中東における第一次世界大戦》（白水社），二〇一七年。
フランシス・ロビンソン（著）、小名康之（監修），《ムガル皇帝歴代誌》（創元社），二〇〇九年。

國家圖書館出版品預行編目（CIP）資料

王的歷史：皇帝、國王、蘇丹、哈里發……認識王，就能看出一個國家與人民的本性。課本沒交代的，立刻脈絡分明。／ 宇山卓榮著；郭凡嘉譯 . -- 初版 . -- 臺北市 : 大是文化 , 2019.12
352 面 ; 17×23 公分
譯自：「王室」で読み解く世界史
ISBN 978-957-9654-50-0 (平裝)

1. 王室制度 2. 世界史

572.52 108018527

TELL 024

王的歷史

皇帝、國王、蘇丹、哈里發……認識王，就能看出一個國家與人民的本性。
課本沒交代的，立刻脈絡分明。

作　　者／宇山卓榮
譯　　者／郭凡嘉
責任編輯／陳竑悳
校對編輯／陳維岳
美術編輯／張皓婷
副總編輯／顏惠君
總 編 輯／吳依瑋
發 行 人／徐仲秋
會　　計／林妙燕
版權經理／郝麗珍
行銷企劃／徐千晴
業務助理／王德渝
業務專員／馬絮盈
業務經理／林裕安
總 經 理／陳絜吾

出 版 者／大是文化有限公司
臺北市衡陽路 7 號 8 樓
編輯部電話：（02）23757911
購書相關資訊請洽：（02）23757911 分機 122
24 小時讀者服務傳真：（02）23756999
讀者服務 E-mail: haom@ms28.hinet.net
郵政劃撥帳號 19983366 戶名／大是文化有限公司

法律顧問／永然聯合法律事務所
香港發行／里人文化事業有限公司 "Anyone Cultural Enterprise Ltd"
地址：香港 新界 荃灣橫龍街 78 號 正好工業大廈 22 樓 A 室
22/F Block A, Jing Ho Industrial Building, 78 Wang Lung Street, Tsuen Wan, N.T., H.K.
電話：（852）24192288
傳真：（852）24191887
E-mail: anyone@biznetvigator.com

封面設計／孫永芳
內頁排版／邱介惠
印　　刷／緯峰印刷股份有限公司
出版日期／2019 年 12 月初版
定　　價／新臺幣 399 元
ISBN　978-957-9654-50-0